この国の未来に賭けてみよう

停滞から変革へ——
あなたのキャリアとビジネスが変わる

株式会社ＮＢＩ
代表取締役社長
中村和己：著

文響社

この国の未来に賭けてみよう

はじめに

未来を作るのは我々である。

厳しい状況にも確実に機会が存在している

この国の未来は、日本人が変革できるかどうかにかかっている。

本書は日本の未来をシナリオとして示し、来たる日本の変革について考え、この国の未来に賭ける価値が存在すると説明している。この際の予測シナリオは、大企業／有力ベンチャーの事業開発に用いられる技術によって策定されている。ここでは特に、新ビジネス／キャリア／企業という3つの変革について論を展開し、具体的に我々がどう行動すべきかを考えている。

本書の内容を辿れば、確かに厳しい状況ではあるが、それでも確実に機会が存在し、また未来の様相は、暗い／明るいのどちらかで片付けられるような単純なものではないことを理解して頂けると思う。

この国が変わる時、個々人の見識と行動が賢明ならば、そこには明るい未来があるだろう。しかし、必ずしもそうではない領域もある。問われているのは未来の空が全体的に明るいか暗いかではなく、我々がこれからどう判断し、行動するかなのだ。未来の吉凶は行動によって変わり、置かれている立場によっても異なる。我々は小舟に乗せられ、波間を漂っているのではない。自身の力で、自らの未来を作っているのである。

来たる変革の契機は、財政の動揺から始まる。今後、日本の社会は政治的な方法で改革できず、財政は破綻するだろう。時期は早ければ２０１８年だが、遅くても２０２５年まで持たない。

日本では、もうあまりにも高齢化が進みすぎた。既に稼ぎ手よりも禄を食む人口の方が多くなっており、さらに悪化するだろう。現役世代が数を減らす中、膨大な高齢者が社会保障費を蝕む惨状は、政府債務が大爆発する前夜そのものであり、爆発までのカウントダウンが既に始まっている。破綻後にデフォルト／ハイパーインフレは起こらないが、インフレが進む中でスタグネーションに突入する可能性が高い。

この頃には、中央官庁は解体される可能性がある。また、日本型経営の持続性が試されるであろう。地方経済への影響も大きい。日本は80年ごとに財政が破綻する負のサイクルを繰り返しているが、次の底がちょうど２０２５年だ。これから底まで行き、底から這い上がるまでの15年を想像すると、我々は不遇の時代を生きている。

しかし、少し意外かもしれないが、財政破綻は悲報ではなく、朗報である。行きすぎた高齢者／地方の過保護を是正する現役世代にとっての希望であり、むしろ歓迎すべき変化になる。なぜなら破綻するのは自治体であって、企業ではないからだ。また、仮に自治体が破綻しても、現役世代にはあまり影響がない。もちろん増税／一時的な景気の落ち込みはあるが、現在の年金／社会保障費バブルが弾ける方が、遥かに望ましい。財政破綻は国家的な悲劇というよりは、現役世代にとってのリ・バランスにすぎない。

第2章では、財政破綻の影響が最も大きいシニア／自治体／ヘルスケア市場について考察している。ここに見られる現象は、水（カネ）が無いのに土地（市場）だけが広がる、「経済の砂漠化」とも呼べる現象であり、砂漠の拡大を多くの事業者は歓迎しない。

しかしその一方で、既成の医療／介護市場は大きく変容し、新しいニーズが出てくるのも事実だ。例えば、延命医療から終末医療へと移行し、介護の場は自宅へ移行する。病院から自宅へと、医療の場も移ってゆく。つまり、既存の産業構造が衰退した後には、従来とは異なる新しい市場が広がっているのである。

もちろん、ここでビジネスを営むのは簡単ではない。財政破綻は逆張りの商機であり、いつそれが起こるか分からない未来に投資するのは難しい。経済砂漠はカネが枯渇している市場だから、低価格路線で操業せざるをえない。これは既存の事業者には、嫌な変化であろう。従って、これから到来するであろう経済砂漠では、ベンチャーが伸びる可能性が高い。ベンチャーが大企業と手を結び、共に力を合わせながら社会を変革する可能性もある。つまり、ベンチャー企業が大企業のための実行部隊として機能する可能性だ。

一方、大企業に求められるのは、自社の強みを最大に活かした新規事業になる。しかし実際には、「変革」を通じてビジネスの世代交代に競り勝ち、同業者の中で勝ち残っていくという残存者狙いが主たる努力になるだろう。

これからの時代は、今業界に同業者が7社あるとしたら、それが6社になり、5社になるのは避けられない。我々は同業者同士の殴り合いを延々と続けるしかないのである。

第3章では、日本型経営の未来を取り上げている。これは個人のキャリアを占う、大きなテーマになるだろう。日本型経営は既に限界に達しており、現在進んでいる働き方改革を含め、変革の圧力が増している。しかし同時に、日本型経営は過去から終わると言われ続けながら、今でもしぶとく命脈を保っている。日本型経営は、本当に変わるのだろうか。本書では、働き方改革に関するシナリオ分析を通じて、最終的に日本型経営がどう変化し、我々にとってどのような影響があるのかを評価している。

結論から述べれば、日本型経営は容易に崩れない。強固に男性中高年が雇用を堅持しようと抵抗を続けているからだ。コアの正社員の利権は強く、簡単に変えられない。つまり、働き方改革がどうであろうと、世界の経営がどう進化しようと、日本人はガラパゴスな存在として日本型経営を継続したがるだろう。

だからこそ、日本型経営の予測は難しい。経済理論の側から持続不能だと批判を浴びながらも、これは日本人のもつムラの本能に直結しており、理屈を超えた次元で変革に対する執拗な抵抗が生じるからだ。あなたが今後の進路をどう判断するのかは、本書を読み解みながら考えてみて頂きたいと思う。

組織の成長こそが日本企業の変革

第4章では、「日本企業の変革」について考えている。過去20年、日本企業は〝ゆでガエル〟を延々と続け、病状を悪化させて来た。

欧米には変革の処方が確立し、大企業をリフォームする「資本主義2・0」が華々しく実現する一方で、日本企業は世界経済の潮流から取り残され、没落した。世界的に見れば日本経済は〝弱いリーグ〟であり、今や弱者に転落しようとしている。しかし、日本企業にも変革の圧力が増し、これかその機運が高まるだろう。これ以上、〝ゆでガエル〟を続ければ、縮小市場の中で自社が消滅しかねない。長く変革を先送りしてきた日本企業だが、そろそろ動かねばならない。

過去にトライされてきた変革処方はほとんど効いておらず、その成功率は非常に低い。従来のやり方で上手く行かないのは明らかだ。そこで本書では、日本型経営を本当に変革するための、最新にして独自のドクトリンを提示している。

本書が提示する新手法最大のポイントは、日本企業の正体が「企業ではなく、ムラ」であり、利益ではなく雇用を目的として経営されているという事実を潔く認めることから始まる。この事実を認めた時に必要になるのは、「組織の成長」だ。つまり、解雇を避けたいなら組織全体で成長し、強い組織に生まれ変わるしかない。それが日本企業にとっての、変革である。

変革においては、ソーシャルサポートという支援の仕組みをもって対処し、ゲンバが実戦に取り組む中で組織自らが学習し、成長する過程を説明している。変革の際に生じる抵抗については、リスクを計測し、事前に変革の弱点を把握した上で先手を打って組織を変えるという、現実的なアプローチを提唱している。

日本企業のゲンバは、過去から「カラダでっかち」であった。加えて、業界の事情を明かせば、戦略策定業者（アタマ）と実行支援業者（カラダ）は双方とも昔から居たのだが、バラバラに動いてきた。戦略屋は欧米発の教条に縛られ、ありもしないトップダウンを前提に、できもしない戦略を作ってきた。実行屋はボトムアップ形式で、日本企業の好みである組織の成長を密かに支援してきたが、そこには戦略が無かった。日本企業の変革が過去に上手く行かなかったのは、アタマとカラダが別々の思想で動いてきたからである。

今、我々は「アタマ」と「カラダ」をうまく結びつける新しいアプローチを始めている。

この取り組みは現在、日本型経営の最先端にある。導入は始まったばかりだが、出だしから非常に上手く行っている。わたしは、日本企業は変革できると考えている。

日本は財政破綻の日から、大きく変わるだろう。問題はその後の変革の成否であり、問われているのは日本人の姿勢と行動ではないだろうか。その一方で、財政破綻までに残された時間は、そう長くない。我々の、そしてあなたの意識とこれからの行動が、今試されている。

目次

第1章

来る財政破綻は悲劇ではなく、朗報である

財政問題はインフレへ。先にあるのは変革か。先進国からの脱落か。

賭けるべき未来がある

現代の日本で、「この国の未来に賭けてみよう」と問われれば、ほとんどの読者は少しばかり疑問に思うに違いない。日本経済は上手く行っておらず、決定的には復活の兆しが見えない。サラリーマンの所得は増えていないし、好景気だとニュースで聞いても実感がない。税収が伸びたと聞いても政府の収支は全く釣り合っておらず、大赤字が続いている。こんな暗い状況だから、「賭けてみよう」と言われてもポジティブな要素が見当たらないように思えるだろう――もちろん、概況はその通りだ。間違っていない。

だが、本書はそれでも未来に賭けるしかないと説き、そのリターンが存在する根拠を説明している。日本人の全員がもれなく豊かになれるとまでは言わないが、これから来る大

変革に賭け、未来において満足する方法は存在すると考えている。なぜならこの変革とは危機であり、同時に機会でもあるからだ。変革の方向を正しく見極めてその先を知るならば、我々は変革の機会を活かし、正しい結果を得ることができるだろう。

暗い先行きに対峙しているにも関わらず、冒頭からこう切りだせる論拠を、ここで説明しておきたい。わたし（それは会社なので正確には「当社」になる）が営んでいるビジネスは、事業調査業という特殊なビジネスである。これは経営コンサルティングの分野にあった調査技術をゼロから見直し、より高度に発展させたサービスとして企業の事業開発を支援するサービスだ。顧客のほとんどは著名な大企業、あるいは業界で名の知れたベンチャー／中堅企業であり、調査・分析の結果を報告する対象は経営者か、事業開発チームである。

調査においては情報空間におけるあらゆる情報を収集し、我々が〝アルゴリズム〟と呼んでいる膨大なパターンを参照しながら解析する。過去の経営コンサルは人手でやるビジネスだったため、分析の結果が人によって異なり、品質が安定しないという致命的な欠陥があった。だが、当社はこの欠点を改善するため、10年以上にわたって〝アルゴリズム〟を支える複数のデータベースを地道に構築してきた。これらのデータベースを使えば、誰がやっても正確な分析ができるようになっている。少し専門的になるのでその仕組みを紹介するのは省略するが、分かりやすく言えば、テストの試験会場に巨大なデータベースを持ち込み、そこには各種の参考書と大量の過去問が格納されているイメージに近い。

当社では情報を分析する、つまり、試験会場で問題を解く際にいちいち個人の頭で考えない。それでは個人の主観に結果が振り回されてしまうため、考えるより前の時点で巨大なデータベースを参照する仕組みになっている。いうなれば、我々だけが巨大なカンニング装置を使い、他の人たちは「じあたま」を過信して手作業をしているようなものだ。どう考えてもカンニング装置を使った方が速く、正確で、低コストで問題を解ける。だから当社のサービスは他社の半額だが、これは人手で作っていた自動車を、機械による大量生産に置き換えたようなもので、ビジネスとして正常に進化しているということだ。このような経緯から、当社の技術は業界でも最高レベルにあると自負している。

未来のシナリオを予測する

こうして作られるのは、企業が必要とする「未来のシナリオ」である。

つまり、市場はこれからどうなるのか。トレンドはどの方向に向かうのか。次世代の商品はどういうデザインなのか。営業マンの動き方はどう変わるのか。働き方は変わるのか。病院／自治体／エネルギー／電気自動車／ドローン／情報システム等の活用が具体的にどう進化するのかといった問題に対してコタエを出す。企業の経営者はこれらの未来予想に基づき、事業投資を実行するかどうか決定する。

　ただし、未来を正確に予測することは誰にもできず、それは技術的に不可能であることが既に判明している。そこで、複数のシナリオという筋書きに整理し、「どのシナリオになるかは分かりません。ですが、どれかのシナリオに落ち着きます」という複数の未来を提示している。その中で最も可能性の高いシナリオを、メインシナリオと呼ぶ。

　当社は創業してから10年以上が経過しているので、過去に予想したシナリオが的中したかどうかを自ら検証できる立場にある。過去の成績に関して言うと「メインシナリオが強く見出せる状況」においては、相当の的中率を誇ることが分かっている。

　少し専門的な話になるが、メインシナリオが存在する／しないは時の状況による。例えば、自動車が自動で運転できるかどうかは、10年前の段階ではシナリオとして登場していなかった。だが、現在では相当に実現の可能性が高まっており、自動車業界のメインシナリオになっている。

　このようにその予測対象の長短は産業の進化スピードにもよるが、だいたい2年から10年程度の幅の中で的中するシナリオを構築し、報告する。つまり、細かい枝葉の話まで予想するのは難しいものの、複数ある大きなシナリオを整理し、その中のメインシナリオを「方向（トレンド）」として指摘するのが当社の仕事である。企業が行う事業投資の金額は大きく、期間は長い。だから技術的な間違いは、許されない。

同時に、多くの産業で大量にシナリオを作ってゆくと、漏れなく、広い視点で産業を眺めることができる。自動車産業とエネルギー産業は繋がっている。製薬と医療も連携している。自治体と財政もつながっている。このように複数のつながりの中身を知るためには、日頃から広く調査を手掛けるしかない。だから当社は、ほぼ全ての産業を大なり小なり調べており、日本が今後どうなるかを、「漏れなく、広い視点」で捉えられる立場にある。

当社の分析技術と事業のポジションを活用すれば、日本の未来についても、そのメインシナリオを提示できる。「日本の未来を予想して欲しい」という大企業はないが、書籍ならばその価値があるということで、今回新たに調査・分析を追加し、この本にその総括が書かれている。また、契約上再利用可能な過去の調査データも、併せて活用している。

日本経済を占うものは何か？

誰もが知っている通り過去20年、日本経済は上手く行っていない。

日本の一人当GDPは、購買力ベースで30位にまで落ちた（IMF・2016年）。サラリーマンの可処分所得は実質15％のカットになった。社会保障の負担が増した分を含めると、20％も減った。日本は90年代から数えて25年間、ただひたすら落ち続けてきた。財政／少子高齢化／構造改革の「3つを同時に失敗」した国は、日本だけである。落ち込みの

●2000年以降の経済成長指数（2000年＝100）

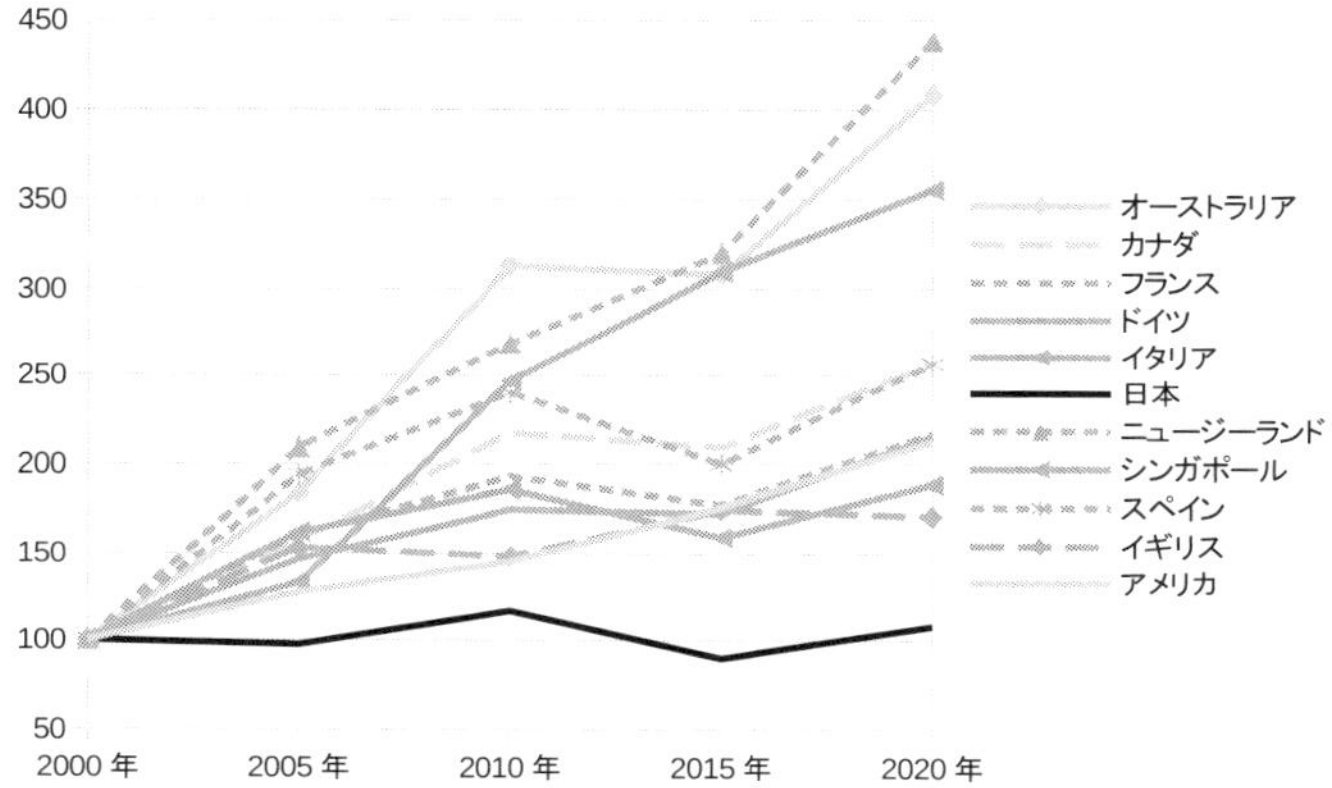

IMF：World Economic Outlook Database　2017
単位：USD／2020年は推計値

激しさにおいて比類する国は既に存在せず、こうして落ちてきた結果、我々は貧困の淵にまで追い込まれた。25年の歳月は１００年の四分の一に相当する。これだけ長く落ち続ければ、現在の惨状を招くのは、当たり前だろう。

かつて不況と税収の落ち込みに苦しんだ英国政府を救ったのは、北海油田の発見だった。油田は危機に瀕した英国経済の役に立ち、その後の復活を支援している。英国は、それなりに幸運な国だったと言えよう。これと同様に窮地に立つ日本においても、北海石油に相当する逆転ツールがあるなら、既に誰かが発見しているだろう。しかし日本の場合、そのように便利なものはまだ見つかっていない。

AI／情報システムの活用がそのトリガーになると指摘する知識人は多いが、それは復活の役に立たないだろう。なぜならテクノロジーが全世界に対して平等である一方、昔から凹んでいるのは、日本だけだからである。右ページのグラフに示すものは、主要先進国と日本のGDP（名目）成長率を比べたグラフだが、明らかに分かるように、日本経済だけが成長していない。

簡単な思考実験として、もしITが経済を救うなら、日本経済も先進諸国と同じように成長できていたに違いない。しかし過去15年、あるいは20年を見ても結果は同じだが、日本だけが上手く行っていないのである。これでは日本に固有の元凶があると考えるしかない。過去、「日本病」の正体を巡ってはデフレ／高齢化など様々な原因が語られてきた。

当社は大規模な計量経済分析ができる機関ではないから、何が原因かをここで断定するのは難しい。しかし、その成り立ちから考えると、日本経済のメインシナリオを占う最大の要素は、（その原因の解明とは関係なく）財政問題になりつつある事実を指摘できる。

財政破綻後の未来が求められている

ここで財政問題が日本の将来を占うシナリオの中核に来る理由が二つある。

第一に、その影響があまりにも巨大だからである。もし国の財政が動揺すれば、株価／

為替／債券に直接の影響が及び、物価／失業率／社会保障にも一発で効いてくる。このインパクトの巨大さがあらゆる他の要素の比ではないことは、改めて指摘するまでも無かろう。ＡＩで経済全体をどうにかしようというような、小さな話では全くない。

第二の理由として、財政問題とはつまり、日本の全ての問題が行き着くファイナルアンサーであり、多くの先送りされている問題の終着点に等しいからである。

もし経済が上手くいかないと、少子化につながる。非正規社員が家庭を持てないばかりでなく、将来の見通しが暗くなるために出産が減るからである。所得の減少は共働きの増加につながり、これも子どもの数を減らす。子どもが増えない中で高齢者が増えれば社会保障が増加し、さらに財政も悪化する。要するに、日本経済は上手く行っていないのだが、そのシワ寄せは、最終的に政府の借金になるのだ。

あらゆる痛みの先送りが赤字財政に向かう中、もし財政が爆発すれば先送りの手段が無くなり、溜まった膿が一気に広がるというストーリーだ。大赤字の財政は、当初は「病気を治すまでの時間稼ぎ」であったはずだが、既に処理が難しい、巨大な爆発物へと変わってしまった。

財政問題の初期段階は２００５年（小泉政権末期）である。当時は預金封鎖、新円切り替え、キャピタルフライトが噂されると同時に、「財政問題は２００５年が反転のデッドライン」だと専門家は指摘していた。２００５年が反転の締め切りであった事実は、後の高齢化に伴って悪化した財政を見るに、正しかった。その後、年を追うにつれて話題が暗くなり、国債バブル説、世代会計、異次元緩和、金融抑圧と、重いものに変化していった。

現在では既にアベノミクスも後半戦に入り、専門家の間では破綻シナリオの整理が始まっている。確率でいえば改革の可能性は小さいという結論に到達しており、その時期はとにかく、「最悪の想定」が始まっている。つまり、将来を占うメインシナリオとして確固たる地位を持つに至ったのだ。専門家の間で財政が持続できると信じている者は、既にほとんどいない。

今の状態をタイタニック号の沈没に例えるなら、「船が何かにぶつかってドーン！という音がした。だが、大丈夫みたいだ」と、状況が分からないまま無事を祈っている乗客の状態に近い。しかし、専門家は知っている。これから船が傾き始め、騒ぎが徐々に大きくなるだろう。

当社では既に財政は破綻するという分析結果に基づき、財政問題に関するシナリオ分析を提供し、財政破綻後のビジネスについて研究を始めている。大企業を相手にこの仕事をしても会議室では誰も反論してこないし、異論も出ない。日本では、ついに「焼け野原」の向こう側を見て仕事をする時代が来ているのである。

ここからは大企業に提供している、財政に関するシナリオ分析を紹介し、これからの時代がどうなるかについて考えてみよう。

2030年、日本経済はこうなる

現在の複雑な財政問題をうまく理解するキーは、「長期の均衡点」だ。どういう経路であれ、最終的には税収と支出はバランスせざるをえない。無限に国が借金を重ねる訳にはいかないからだ。だとすると、今のバラ撒きの状態よりは一段下の貧しいレベルで財政は均衡する。この均衡した経済で何が予想されるかを考えるのが、「長期の均衡点」である。

このような均衡点に到達するルートとしては左ページの図のように、①政府が自ら改革を進めて均衡を達成する（改革シナリオ）、②政府が無能なので、金融市場が見切りをつけてショックが起こる（破綻シナリオ）の二つがある。つまり、最終的に向かう先への経路は二つ考えられるが、その終着点は変わらない。どういう成り行きであれ、日本は最後にこうなるというファイナルアンサーが「長期の均衡点」だと思えば良い。

均衡点は既に多くの機関が研究しており、それは2013年頃のことであった。これらの成果を総合的に分析すると、2030年における日本経済に関するラフな理解は、次のようなものであった。

●財政問題の2030年:「長期の均衡点」

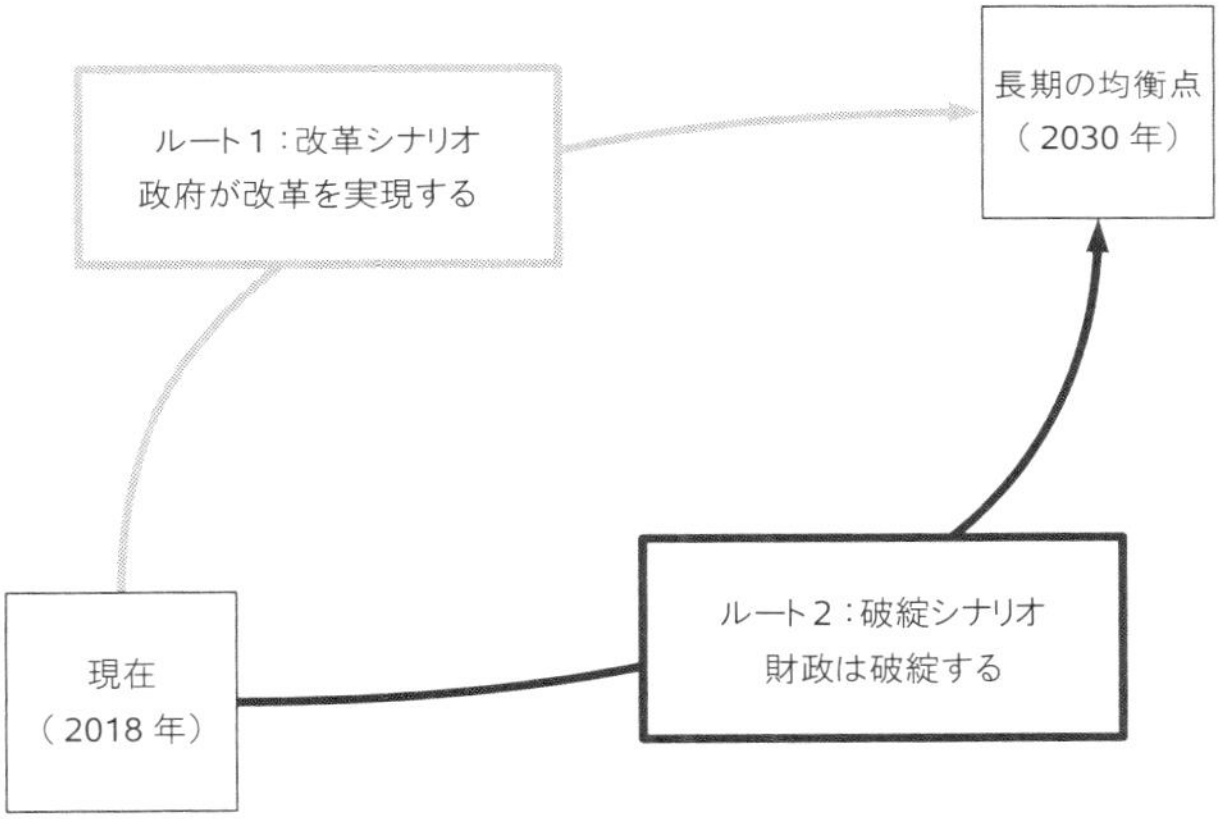

①２０３０年に至るまで、１％程度の経済成長（実質）を続けることが可能である。
②２０３０年に至るまで、物価上昇率が１％を超えるのは容易ではない。
③消費税は、２０３０年には15～20％程度。２０３０年代には25％に上昇する。
④２０３０年までに、国民負担率は60％程度に達する（２０１６年は43・９％）。
⑤社会保障費は２０１３年の水準から３割カットされる。
⑥上記の均衡点に到達したとしても尚、過去に積み上げた１０００兆円の借金は減らない。

国民負担率は高齢者の数で決定するから、誰が算定しても似た数値になる。その将来は国民負担率で60％になる。現在の44％からあと16％、どう上げてゆくかである。

最近になって消費税は3％の増税に成功したが、これが将来、さらに12％以上の増税に向って進み、最終的には20％を超える。20％以上の消費税は、かなり重く感じるだろう。

財政は破綻するしかない

この2030年の均衡点に関する結論が意味するものは重い。なぜなら、ここまでやってもそれまで積み上げてきた、1000兆円を超える債務の削減はできないという結果が出ているからである。

2030年の予想は国民に痛みを強いる改革を織り込んでおり、よく見ると、「消費税は最終的に20％超」「社会保障給付費は3割カット」という強烈なパンチが予測されている。これは相当に痛い変化になるだろう。

しかし、これを上限としてそれ以上踏み込んでいないのは、「これ以上の改革をやると、あまりにも痛みが激しすぎて実施が困難である」と、研究機関がサジを投げたからだ。本当は膨大な国の借金も返したいし、社会保障もカットしたくない、消費税も上げたくないが、それでもこれらの負の要素を勘案し、ギリギリの計算としてかろうじて成り立っていると彼らは主張しており、その計算の過程で犠牲になったのは、「国の借金返済は苦しいので、返しません」という無理筋の想定である。

だが、既に1000兆円も積み上げた膨大な借金が、何の犠牲もなく半分やゼロになるはずがなく、いつまでも借りすぎの状態が維持できるはずもない。2030年モデルはベストの上にベストを積み上げ、さらに借金を返さないという無理筋の仮定の上に成り立っているが、これらの幸運な仮定が成り立つ可能性は乏しいのだから、「財政は破綻する」がメインシナリオとして確定である。

要するに、少し遠い未来を少し本気で想定しただけでも、今の財政は破綻するしかない。日本政府、日銀、日本国民は既にそこまで、自分たちの将来を追い込んでしまった。これからどうにかしようとしても、もう遅い。

改革シナリオを検証する

多くの人の希望としては、きっとこう期待しているだろう。「財政問題は困ったものだが、徐々に経済を回復できれば、収支をバランスできるに違いない。時間は掛るが焦ってはいけない。上手に改革すればきっとできる。政府も日銀も、改革が成功するまで国民を見捨てない。財界も自治体も協力する。オールジャパンで復活するのだ。この国には、多くの高齢者と弱者がいる。見捨てるはずがない」と。

●財政問題の改革シナリオ

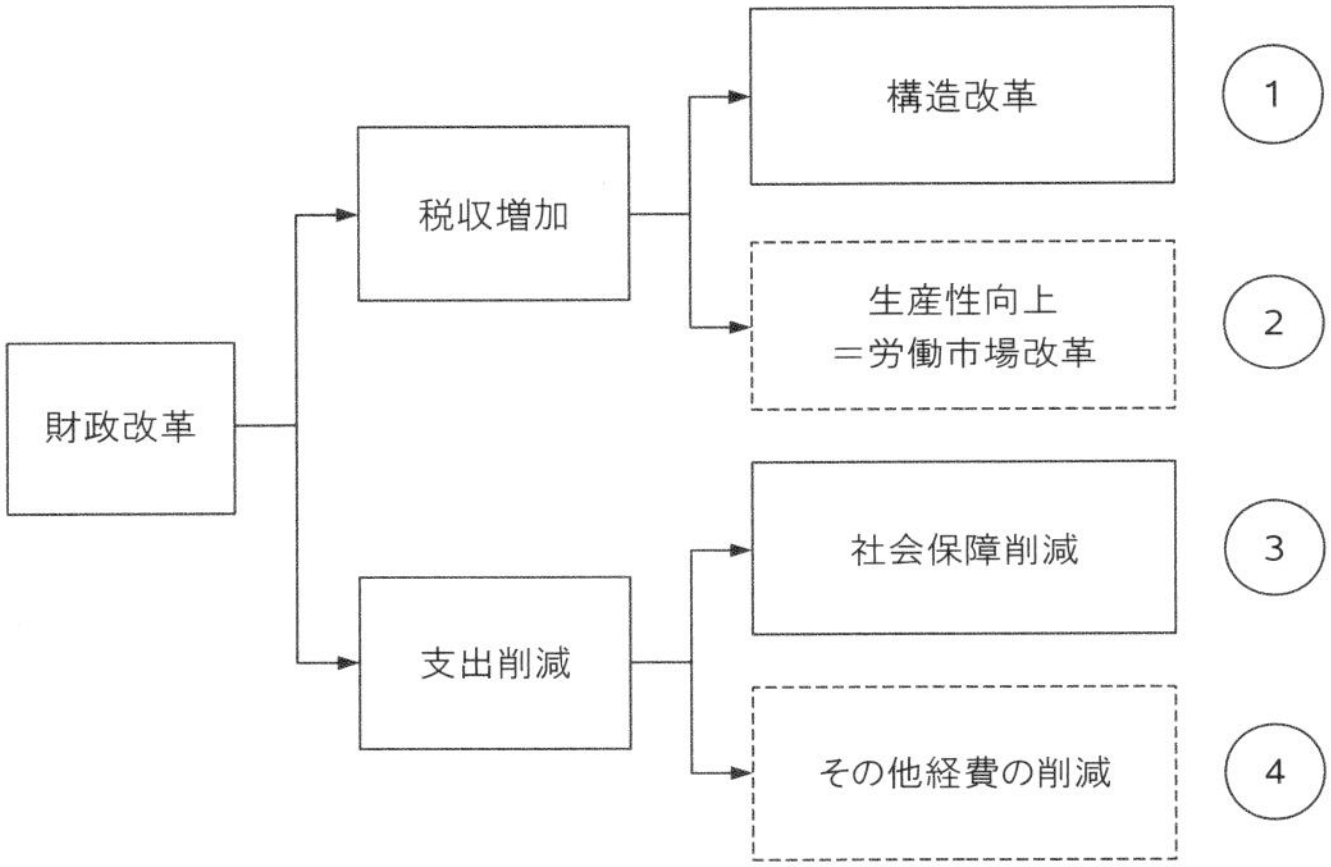

この期待を、「改革シナリオ」としてみよう。先に、「長期シナリオでは破綻が濃厚」と述べたが、これだけで破綻を決めつけるのも良くないだろうから、さっそく改革シナリオの側も検証してみたい。

改革シナリオは上図にあるように、①構造改革と、③社会保障費削減の二つが大きくあり、サブ的に、②生産性向上④その他財政支出の削減がある。なぜメインが市場構造改革／社会保障削減なのかというと、そのインパクトが大きいからだ。

②生産性向上について言えば、いくらなんでも現在の生産性が倍になるはずがないのだから、これに頼って経済を立て直すのは難しい。同様に、巨大な社会保

障費に比べて他の経費を削減しても影響が小さいために、やはり立て直しには至らない。他の経費は既に削られた後であり、これから削れる余地はもう大きくない。こうなると大まかに言って、①構造改革　③社会保障費削減の二つが成り立たないことには、改革の見通しが立たない。

では、これらの見通しは成り立つのか？　順に見てゆこう。

構造改革の見通し～構造改革はできないのか？

あらゆる構造改革に反対し日本を財政破綻に追い込んできたのは、他ならぬ解雇を恐れる現役世代である。

よく経済を再び活性化するためには、構造改革が必要だと聞く。また、生産性を上げる必要があるという意見も多い。しかし、その先にある具体的な内容にはメディアは言及しない。そうした不人気な話題は、総論で誤魔化して逃げた方がトクだからだ。

次のページの図は、数多くの経済論文を基に「生産性を上げる」という当たり前のメニューを消化するために必要な政策を整理したものである。もし本気で生産性を上げると、日本企業の長期雇用が崩壊することが分かる。

改革において重要な位置を占める構造改革のメニューは、どれも日本人が嫌いなものば

●専門家が指摘する生産性向上の手段

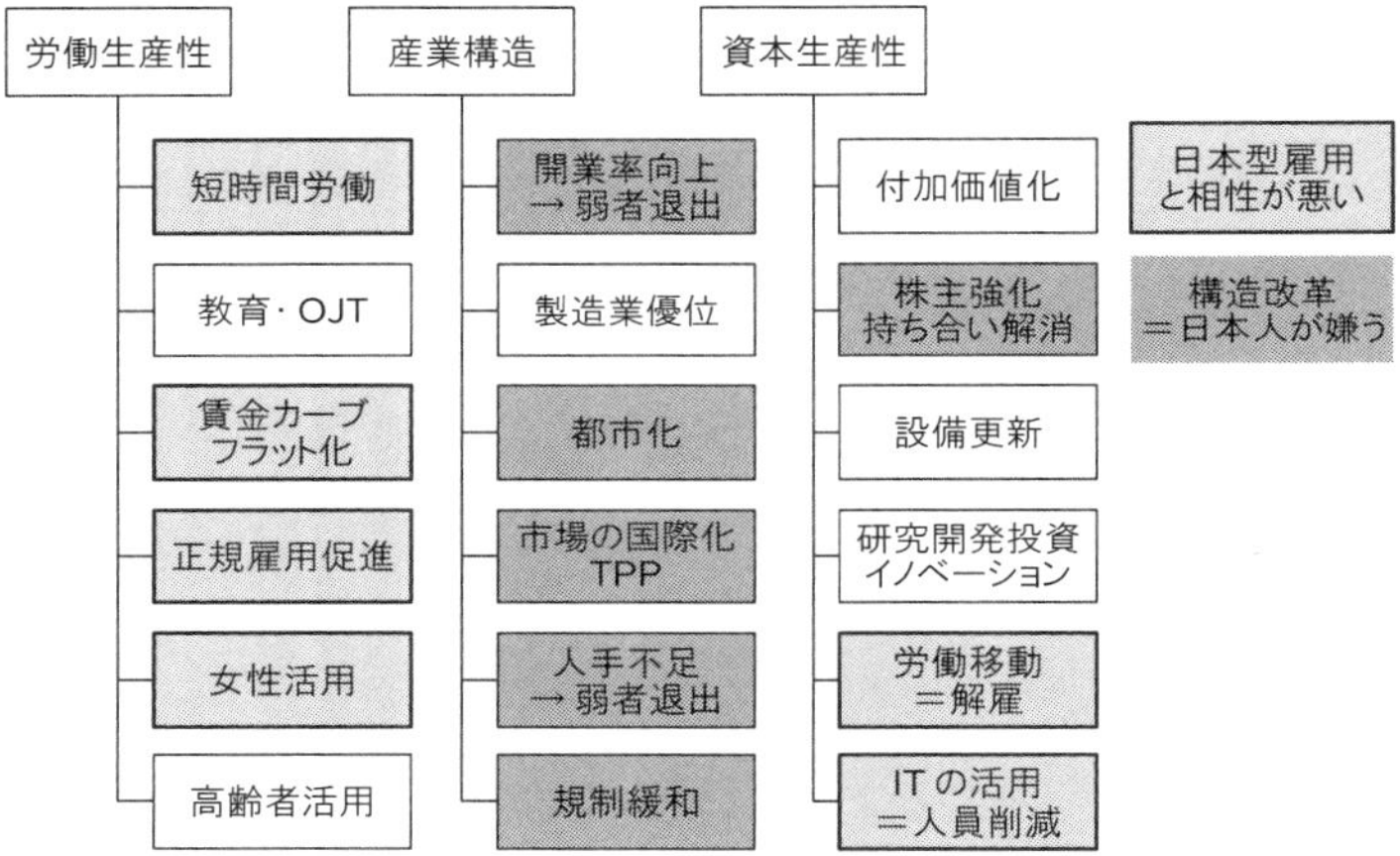

かりで、簡単に進むとは思えない。構造改革は国家経済の体力を必要とし、一時的に失業率が上がり、数々の労働争議と国会審議の停滞を招く。デモや反対運動も多く起こり、メディアもそれらを取り上げるので政権支持率も下がる。

　しかし、これらの困難を消化する体力が、既に日本には無いのだ。少し政治スキャンダルが出るだけで政権支持率が一気に下がり、少し増税を持ち出す程度で何度も内閣が倒れてきた国で、構造改革が実現する見込みはない。あまりにも「日本病」という持病が悪化したうえに、社会全体の高齢化が進んだので、根治に乗り出す体力が無くなってしまった。

ほとんどの先進国は一時的な失業と不況に耐えながら市場構造を改革してきた。しかし、現在の日本で不況のボタンを押せば、財政が大爆発しかねない。この話は、もう終わった。

また、強く現状の維持を望むのは、労働者だけではない。資本市場改革をやろうとすると、決まって経団連と経済同友会が抵抗してきた。株の持ち合いという奇妙なシステムが未だに存在するのも、株主総会における役員の解任を防ぐためであり、変化を恐れる行動に労使の区別はない。

もし本当に資本市場を改革すれば、米国のように業績不振に伴う経営者の解任が大量に発生する。これは長期雇用を通じた長い積み上げの結果、上がりのポジションとして役員の椅子に座った誰しもが嫌う屈辱である。役員報酬と退職金を目当てとして、それまで安かった賃金をエリートが回収しているのに、不労所得者である株主に解任されたら憤慨するのも無理は無い。日本が、そういう仕組みになっているからだ。

このように誰もがぬるま湯経営を好み、おかげでこの20年、企業は〝ゆでガエル〟に陥ってしまった。

こうして中身を点検してゆくと、「財政の破綻を避けるには、構造改革と生産性向上が欠かせない」のはまさにその通りだが、それがいかに難しいかが分かると思う。これらの数々の困難に打ち勝ってまで構造改革を進める政権が登場するとは、思えない。少なくとも、財政破綻なしに穏便に進む構造改革は、メイン・シナリオにはならないだろう。

社会保障改革の見通し～社会保障改革は進むのか？

社会保障改革は、明快に「不可能」と返答できる。この説明として、分かりやすいものを紹介したい。

図（左頁上段）にあるように、既に稼ぎ手よりもタカリの方が多い現実は、ひどく絶望的である。表中、自営業の年収は中央値で２００万円代まで下落している上に、非正社員は税収ではマイナスの頭数である。高齢者が稼ぎの良い労働力になるはずがなく、彼らは財政をひたすら蝕む。問題は、その数だ。正社員の倍以上の数にまでタカリの数が増えれば、もう誰も養うことはできない。この図だけ見ても、財政が順当に破綻することが予想できる。そして弱者である彼らが、自らに不利な社会保障改革に抵抗しないはずがない。

さらに、世論に大きな影響を持つテレビ（左頁下段のグラフ参照）、新聞の視聴ボリュームの大部分は既に高齢者が占有している。加齢臭の漂う悪質な世論から逃れる手段は既になくなっており、世論が前向きに転換する可能性はもう無い。この政治的な構図は絶望的であり、社会保障改革が実現する可能性はない。

政治家が高齢者を敵に回すことを恐れているのは、過去の選挙において、ありもしない

●就業形態別の人口構成

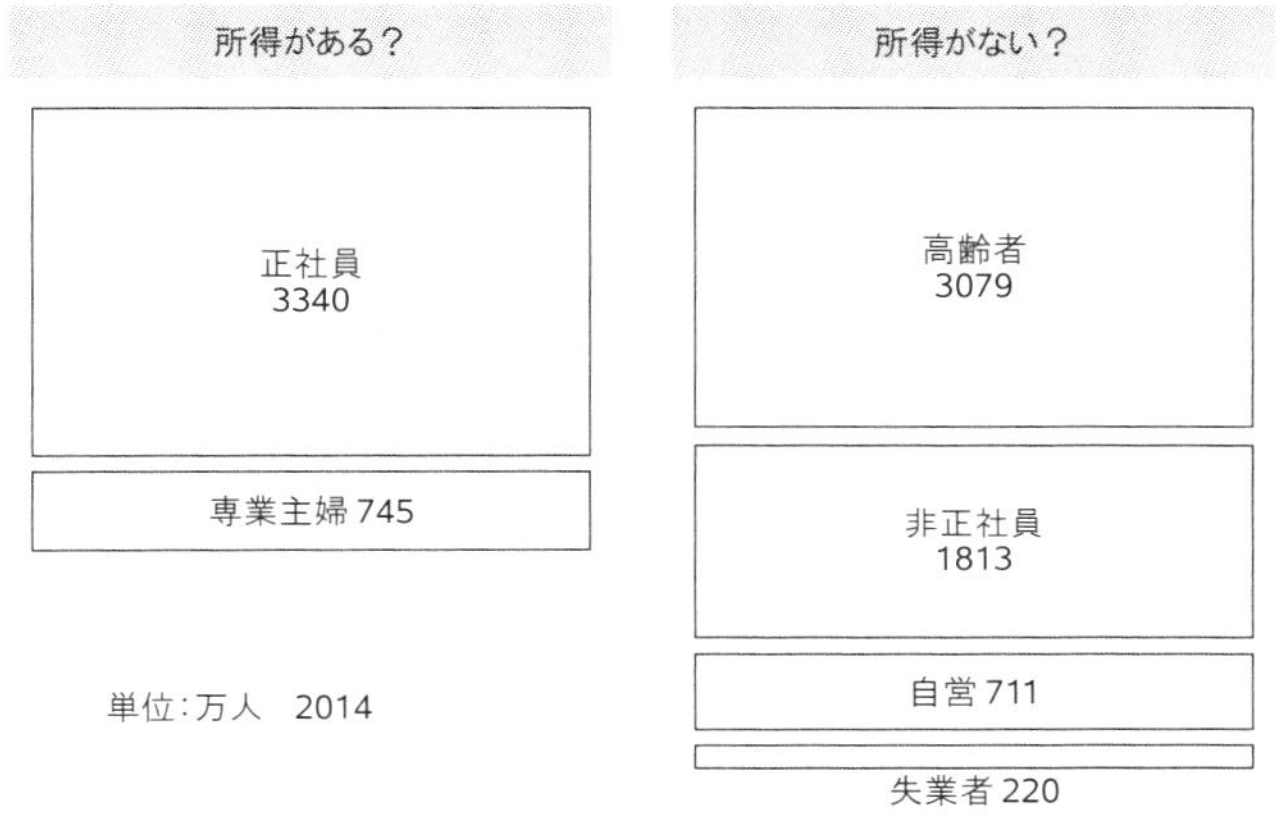

●世代別のテレビ視聴時間と視聴人口

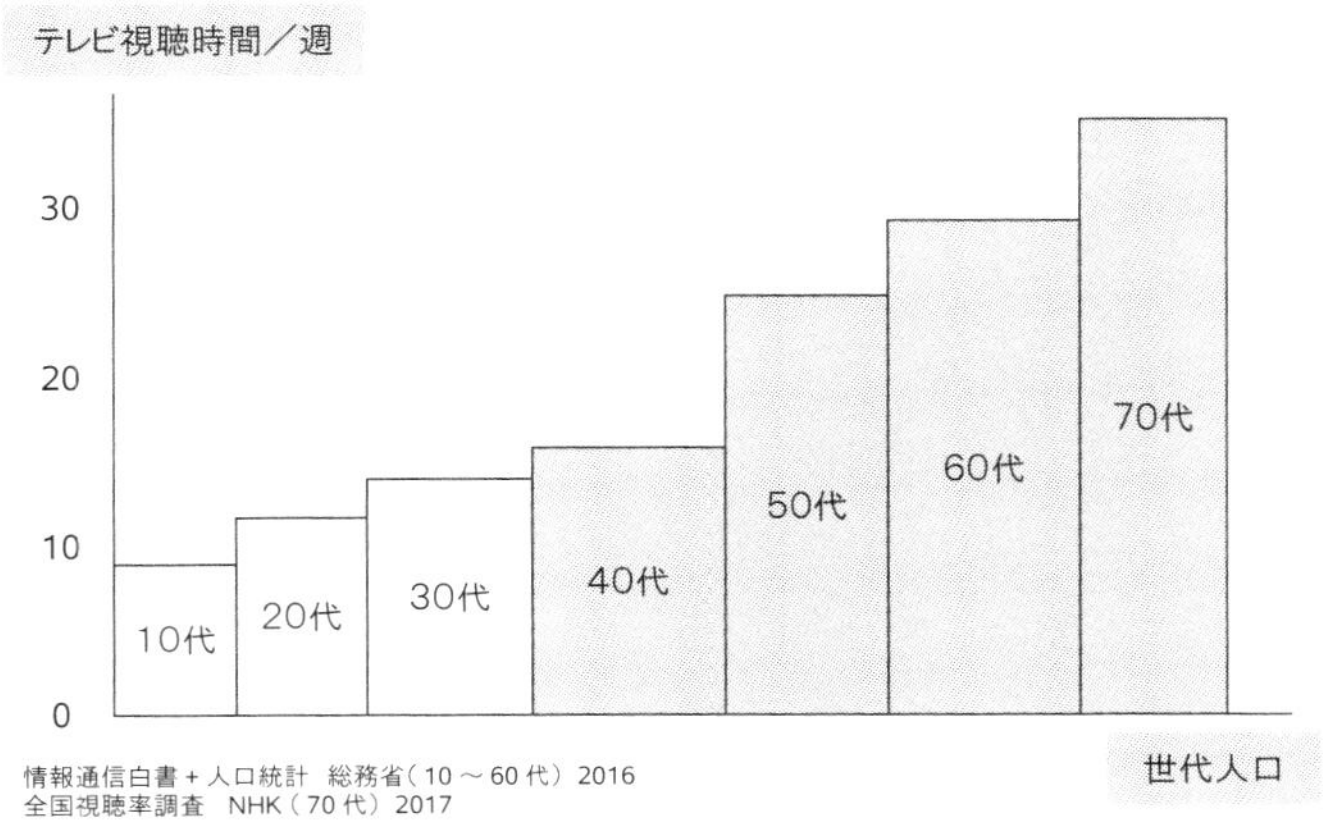

情報通信白書＋人口統計　総務省（10〜60代）2016
全国視聴率調査　NHK（70代）2017

甘言を連呼する民主党に大量の高齢者票が流れ、政権交代が実現するほどに高齢者が利益志向の投票をしてきたからである。日本の高齢者は自分のことしか考えないから、社会保障制度改革のたびに政局が動揺してきた。つまり、下の世代が尊敬しろと言われても難しいほど、日本の高齢者は圧倒的に民度の低い投票集団なのである。こうして高齢者が増えるほど民度は劣化し、財政破綻の確率が上がる。その悪循環は、もう日常の風景になってしまった。そして残念ながら、もう止められない。日本は破滅するまで突き進むのだ。

このように国民の民度が低い国に、レベルの高い政府があるはずがない。そもそも日本政府は、昔から破綻するに相応しい劣等政府である。

日本政府は戦後の約70年間、4回しか歳入が歳出を上回ったことがないからだ。70回も返済期限がありながら4回しか借金を返したことの無い政府は、そもそも信用できない。公的債務残高の増加ぶりと、税収・歳出バランスを見ても世界的に突出した劣等生であり、日本政府と比較できるレベルの政府は、もう南米とアフリカにしかない。結果から見れば、日本はドイツよりもギリシャに近い国だったというのが事実である。

関心の対象は、財政破綻の時期と影響の大きさに

財政問題は借金の話だが、借金が多過ぎるのか少な過ぎるのかという判断は、時の状況

によって変わる。日本の財政で問題なのは、①借金が多過ぎるうえに、②返済者となる現役世代が減っており、さらに、③穀潰しの高齢者が大量に増えているというトリプルパンチがあるからだ。

仮に借金が多くても、若者だらけの国ならここまで大きな問題にはならなかった。高齢化だけでも苦しいのに、少子化とさらには経済不調もあって財政問題が加わり、「全て重なると制御不能」という、食い合わせとして最悪の困難が揃ってしまった。悪いことは1つならどうにかなっても、3つ重なるとどうにもならない。ここで強い政府があれば形勢を逆転して欲しいと期待したところだが、伝統的に日本政府は、放漫財政を得意とする劣等政府であった。財政再建に期待するのは、難しい。

これ以上、詳細な証拠を積み上げ、さらに系統的かつ執拗に検証しても読者の心証が悪いだけなので、ここまでのハイライトで説明をやめるが、いかなる経路と政策を辿ろうと、その詳細を検証しようと、「破綻必至」の結論は変わらない。穏便に借金を返せる目途は立たず、どこかで話が破綻するだろう。

さすがに2010年あたりまでは「財政が破綻するかどうは、まだ分からない」と気丈に言えたが、現在では「分からない」とはもう言えない。明らかに破綻するのであり、関心の対象は、その時期と影響の評価である。専門家の興味は、既にそちらに移った。

財政は2025年までに破綻する

財政破綻がメインシナリオであるとして、ではその時期と中身はどうなるのだろうか？当方では既に研究を進めてしまったので、その内容をご紹介しよう。この研究は大企業に納品されるレポートを基にしており、既に一部の経営企画部で把握されている。

まず、破綻する時期については「財政破綻の背理法」を使って説明している。「財政が破綻します」というと頭の中で拒絶反応が起こり、「でも、破綻しないんでしょう?」「まだ分からないじゃないですか。」といった希望的な観測や反論が起こりやすい。膨大な事実を分析して破綻すると結論付けているのに、それでもまだ認めない。それほどに財政破綻は認めづらいバイアスが掛かる。そこで、背理法が登場する訳だ。

この背理法は、次の二つの事実から成り立つ。

◎事実1：好景気だというのに、2017年は税の収支が42兆円も足りなかった。

◎事実2：2025年には社会保障費の自然増によって、税金がさらに15兆円必要になる。

2017年の国家予算は97・5兆円だっただが、税収は55・9兆円しかなかった。41・

6兆円も足りず、半分しか支出を賄えていない。同時に2017年は、好景気であるとされていた。このような好況時に税収が支出を上回るから過去の借金が減るのだが、返済からはほど遠い事が分かる。

好景気でこの惨状ならば、不況になれば絶望的な状況に陥ることは目に見えている。日本経済が税を納める力は弱く、この小さな財力で危機を乗り切れるはずがない。つまり事実1は、日本経済は既に「稼ぐ力」が根本的に足りていない現実を意味している。

事実2の側は、2025年の時点で社会保障がパンクしているという話だ。現在から15兆円もの社会保障費の積み増しは不可能であり、これでは財政を維持できない。現在の税収は60兆円にも満たないのに、それでも97兆円を支出するという狂気的な水準にある。これに加えてさらに15兆円以上乗せるという話は、さすがに成り立たない。今の借金だけでも1000兆円を超え、GDPの230%超にまで到達し、終戦直後の水準を超えてしまった。2025年まで今以上の悪化を続ける余力は、もう無いのだ。こうして考えてゆくと、2025年の時点で財政は間違いなく破綻していると予想される――このようにして、背理的に「2018年から2025年までに財政は破綻する」という結論が導かれる。

財政破綻は何をもたらすか？

ここからはさらに、財政破綻が具体的に何をもたらすかについて考えてみよう。

まず、国債市場の動揺とともに始まる破綻時には、円が下落する。円が２００円を超えて安くなると驚くが、英国のポンドは過去にこういう値動きをしてきた。２０１１年頃には１１７円まで下がったが、２０１４年には１９５円まで上がっている。これと同様に、円が２５０円を超えて下落したとしても、通貨の世界では不思議ではない。

暴落した円はコストプッシュの圧力になり、やがてガソリンや製造原価を通じてインフレが始まる。１９７３年の狂乱物価の際には、１９７３年で11・７％、１９７４年には22・３％の消費者物価指数の上昇があった。これに似た物価上昇を続ければ、物価上昇率は２００％になる。例えば、20％のインフレを4年繰り返すだけで、１００円のものが２０７円になる計算だ。この程度の物価上昇があれば、それだけで１０００兆円の国の借金は半分に目減りする。

詳細は専門的になるので省略するが、このようにして物価上昇を続ける政策を金融抑圧といい、英国において実績がある。英国は第二次大戦の戦費を税収によって賄うことができず、財政破綻に陥った。１９４６年にＧＤＰ比２５０％超まで高まった公的債務残高は、

1980年代までに25年も掛けて圧縮されている。金融市場ではこれと同様に政府・日銀が金融抑圧に乗り出し、長期のスタグネーション（物価上昇と不況）が起こると警戒されている。

一般に財政破綻論はキワモノ扱いされることが多く、不人気な話題であることもあって、あまり良い説明がメディアには出回らない。また、「まだ埋蔵金がある」「海外にドル資産がある」といったトンデモ解説をする論評家が現れて、ありもしない幻想を使ってカネを稼ごうとする輩が絶えない。また、政府関係者がお盆を狙って、「日本の財政は破綻しない」といったトンデモ記事を流布したりもしている。実は、「財政は破綻するのか、しないのか」については、その定義をすり替えると幾らでも珍説を作り出すことができるために、扱いが難しい。ことの真相を分かりやすく解説すると、次のようになる。

①日本の財政破綻はアルゼンチン型ではなく、英国型

日本が参考にすべきはギリシャ／アルゼンチン／ロシア／戦後の日本などの対外累積債務があったり、供給能力が戦争で破壊された状況とは異なる。このような自国だけで借金を賄えない「不完全ソブリン」の状態では、財政破綻に伴ってハイパーインフレと国外の債務者に対する債務不履行宣言（デフォルト）が起こるが、日本の場合は国内にある預金

で国債が買い支えられている（完全ソブリン）ため、ハイパーインフレとデフォルトは起こらない。

よく「ハイパーインフレは来ません」といって安心させようとする論者がいるが、財政破綻とハイパーインフレはそもそもイコールではない。インフレ率を制御できないとする論者には学者が多く、市場関係者は可能であるとすることが多い。つまり、「理論的には無理だが、実務的に可能」だということだろう。

②財政破綻の悪影響は、デフォルトではなくインフレである

政府関係者は国外への債務不履行宣言、いわゆるデフォルトのみを破綻であると狭く定義し、「日本は破綻しない」と強弁を展開するプロパガンダをこれまでも何度も展開してきた。しかし、これは詭弁である。財政破綻による悪影響は、狭く捉えればデフォルトだが、より広く捉えるなら、多くの弊害を及ぼすからである。それらは以下のものだ。

①インフレタックス：インフレを通じた事実上の「預金の蒸発」
②増税による貧困化と可処分所得の減退。
③社会保障に関する受益の大幅削減、あるいは不平等な世代間格差。

④医療・介護へのアクセスが困難になる。
⑤スタグネーション：長引く慢性不況。

このように財政破綻には様々な悪影響が及ぶ「広い破綻」と、デフォルト／ハイパーインフレのリスクだけを切り取った「狭い破綻」がある。

多くの専門家は近年になって、「広い破綻」の可能性を認めつつ「狭い破綻」を否定するようになっている。例えば、「デフォルトは起こりません。ですが、円と債券が安くなる可能性はあるでしょう」といった具合だ。当然、こういった複数の条件が付く話は、素人には分かりづらい。

何を「破綻」とするかという厳密な定義がないから、このあたりの情報はメディアの側で操作し放題である。政府の代理人は「狭い破綻」だけを取り上げて破綻は起こらないと流布しているし、日本復活ストーリーで飯を食う経済論評家や作家も、「広い破綻」を軽く評価したがる傾向がある。

「日本は大丈夫」なのと「自分が大丈夫」なのは違う

だが、こういったエセインテリに騙されてはいけない。預金が蒸発し、年金の満額分を受け取れないだけで大損害なのだ。考えてみてほしいのだが、仮に国家が大丈夫でも庶民が貧困化すれば、それでも「日本は大丈夫」という話になるのだろうか？　――それは企業がリストラでV字回復しても、自身のクビが切られる話に似ている。「日本は大丈夫」なのと「自分が大丈夫」なのは、全くイコールではない。日本ではなく自身に何が起こるのか、日頃からよく考えた方がいいと思う。

日本を愛したら国勢が回復するのだともし期待しているのなら、今はそういう時代ではないと悟った方が賢明だ。巨額の政府債務が既にある以上、「日本を愛するなら、これまでの借金を負担してほしい」というオーダーが来るのは目に見えている。

英国でも米国でも、第二次大戦においては戦争に勝ったにも関わらず、過去の戦費を消化しきれずにインフレが起こっている。勝った戦争ですらこれなのだから、地方と高齢者が散財してきた後始末を綺麗にできるはずがない。誰も払いたがらないからこそ、政府は増税を諦め、その裏で密かにインフレを誘発するのである。

③「埋蔵金救国論」は虚構

「金融資産1700兆円」といった風評が出回っているが、簡易に検証すると、全て虚報である。左ページの図にあるように「資産である」と見なす根拠の大部分は、民間資産を

●財政·年金によくある詭弁

1	金融資産 1700 兆円	▶	政府のものではない 返済の原資は 300 兆円もない
2	対外純資産がある	▶	政府のものではない 徴収は不可能
3	政府には資産がある	▶	売れない資産が多い 政治的に困難
4	年金は維持される	▶	受給額が減る事実を無視
5	経済成長で再建できる	▶	高齢化は経済成長を阻害 生産性向上改革は抵抗が大きい
	▼		▼
	海外の債権者に迷惑はない		**国民不在の財政破綻？**

勝手に政府が我が物と見なしているだけであり、現実に政府のものにするためには、巨大な強制徴収が必要になる。

例えば、「金融資産１７００兆円」という言説がよく出回るが、その内訳は中小企業オーナーの事業性資産が多い。だから無理にこのカネを徴発すると、従業員の給料が未払いになり、膨大な中小企業の倒産が発生し、経済が破綻するから不可能である。また、次に多いと考えられている老後のための貯金と年金資産に政府が手をつけるなら、それは老後のマネーを税として取り立てることになり、財産権の侵害訴訟が全国で起こるだろう。これは憲法違反だから、ありえない。他にも自宅のローン債権、個人貯蓄など、どうやって取るのか方法が分からないマネーが多い。

こういう障害の多い徴税ができないからこそ、「貯金が蒸発する」ように見えるインフレ政策が使われるのであり、政府自身も財政破綻を望んでいる。インフレタックスを通じて、行政訴訟リスクをゼロに抑えたまま、簡単に国家債務を半減できるからだ。

予想されるのはインフレタックス

菅直人政権の頃には、「財政均衡は国際公約」だと盛んに吹聴していたが、安倍政権になると、あっさりと公約違反に寝返った。要するに、最初から政治家はやる気がないのだ。インフレと改革の間にある難易度の差は、火を見るよりも明らかである。政治家とて、民度の低い大衆の泥を被るほどの人望も指導力も無かろう。

そもそも徴税能力が低いから現状の苦境に陥っている以上、政府が強制徴収に乗り出す可能性はない。強制力を強めれば、中小企業オーナーを中心とした富裕層、大企業の間でキャピタルフライトが起こるからである。日本の企業オーナーの間ではタックスヘイブンである英国ケイマン領にペーパー会社を設立し、そこに資金を移動させている動きは昔から幾らでもある。老後に海外移住するのも、グローバル化が進んだ現在では特に難しくない。芸能人ですら、ハワイで子育てしている。実際にフランス政府が富裕税を施行しようとしたら富裕層の脱出が始まり、フランス政府は撤回に追い込まれた。富裕層からカネを取るタイプの税金の増収は、そう簡単ではないのだ。その一方で大衆に逃げ場はないが、資産を持っていないのだから意味がない。今回の財政問題も、定石通りに「財政ファイナンス→金融抑圧→インフレタックス」で処理するというのが、メインシナリオである。

財政破綻は「ガラポン」である

財政が破綻する現実は、誰にとっても面白くない。わたしも話題にしたくないし、顧客にレポートを提出するのも面倒だ。財政の内実など一部の専門家が知っていれば良い程度の話であり、企業の事業計画には関係のないものだ。それが関係してくること自体が不愉快であり、煩わしい。しかし、無視できない現実であると諦めて対峙した時、財政破綻という時代が何を意味するかを考えてみる価値がある。捉えようによっては、これは大きな商機になるからだ。

この「財政破綻の時代」が何を意味するかを考えるうえで大きなヒントとなるのが、「財政破綻・80年周期説」である。これは80年サイクルで財政が破綻している日本の政治サイクルを指すもので、クズネッツ・サイクルのような景気循環論に似た考え方である。破綻サイクルの始まりは、幕末に遡る。社会の停滞が日常になっていた1860年代、全国で百姓一揆が多発していた。江戸の初期には年間50回程度だった一揆は、この頃には激増して年500回に近づいており、これはほぼ毎日、暴動が起こっている日常を意味する。このように、黒船が来る前から江戸の政情は不安定だった。

幕府の財政は既に破綻しており、金銭的に諸国を統制できなかった。全ての武士を雇うことが難しくなっており、街に溢れた浪人は一揆に参加し、農民に戦術を指導していた。江戸幕府の統治能力は落ちており、幕末には少子高齢化と人口減少が進んだ。その後、財政破綻していた幕府は維新勢力に破れ、ここで国家財政問題は一度、振り出しに戻る。この時破産したのは、幕府に金を貸していた豪商であった。

その80年後、今度は太平洋戦争に敗れ、大日本帝国の財政が破綻した。この際には激しいハイパーインフレが起こるとともに預金封鎖が実施されたため、今でも財政破綻というと当時の悪いイメージを抱いている人が多い。この時に吹き飛ばされたのは、戦時国債を買った国民である。政府は当時、「国債が紙切れになることはない」と偽って販売していた。その1945年から80年後が2025年だが、これはいかにも財政破綻が起こりそうなタイミングに見える。

この80年破綻周期説は、財政の周期を意味しているだけではなく、破綻が起こるたびに社会の様相が変わっている点がポイントである。日本の知識人は、この様相を「ガラポン」と表現しているが、単に財政が破綻するだけではなく、実質的な革命が2回続けて起こっているから「ガラポン」なのである。

まず、明治維新において政権の交代が起こった。江戸幕府は解体され、跡形もなく消えてしまった。次の太平洋戦争の敗戦においても、革命が起こっている。これは専門家の間で「N字のジニ係数」と呼ばれているものだが、1945年を境にして、極端に開いていた貧富の差が一気に解消した。経済格差の大きさを意味するジニ係数が右肩上がりだったのが敗戦と同時にストンと落ち、再び上昇してゆく様相が、N字になっているのである。

この格差解消は、現代の価値に換算して年収4000〜5000万円とも言われた財閥のエリート社員と大地主が消滅し、労使協調型の日本型経営と小作農制度が始まったことが大きい。この際には民主化と称して財閥から一般企業へ、超エリートからゲンバのサラリーマンへ、大地主から小作農への富の移行が起こっている。力を持っていた帝国陸・海軍は消滅し、15大財閥で80％のシェアを占めたといわれる巨大財閥も、ことごとく解体された。

中央官庁は解体される可能性がある

ここで、この「革命」を現代に置き換えて考えてみよう。1945年を境に没落した財閥／超エリート社員／大地主／陸海軍に代わって力を付けたのは、日本型経営に参加した大量の日本人と、中央官庁にいる東大卒・国家Ⅰ種官僚であった。しかし、これまでのパターンに即して考えてみると、今の停滞をもたらした「中央官庁」「日本型経営」「高齢者と地方」は、破綻の責任を取る形で解体されるだろう。なぜなら、それが現在に続く停滞の元凶だからである。

より進んで、具体的に考えてみよう。中央官庁が解体されるとしたら、それは道州制への移行を指している。外交、軍事など一部の権限を中央政府に集中させるとともに、社会福祉／交通／地方税などを道州に移管するなら、中央官庁から道州への権力大移動が起こるだろう。中央官僚は国家運営に失敗したのだから、詰め腹を切らされる形で地方へ飛ばされ、より分割された範囲で仕事をするようになる。

これは敗戦責任としても自然な成り行きだ。行政のサイズを分割してしまえば、地方ごとに身の丈に合った経営をせざるをえなくなるが、それは財政破綻リスクを、今よりも小さくする。利権を貪ってきた地方では当然、高齢者と僻地の行政に天誅が下り、少し困難な事態が到来するだろう。

日本型経営のテストが始まる

これに加えて、「財政破綻と同時に日本型経営が終わる」と予想する労働専門家は多い。

2025年にはさらに市場が縮小するとともに、社員の平均年齢も上がっている。高年層の賃金は若年層よりも高く、高齢者は雇用者にとって使いづらい労働力である。経営としてこれが許されないという話になれば、長期雇用が終わる。

誤解の多いところだが、日本型経営は戦後の民主化運動が起こるまでは存在していなかった。終戦までは労使が水と油のように分かれており、社会主義者が扇動する労働争議は日常茶飯事だった。しかし、戦後の財閥解体、公職追放によって経営サイドの力が弱った隙に、厚労省官僚と労働組合が企業、GHQと談判して作ったシステムが現在の日本型経営である。この労使一体と長期雇用が結びついた仕組みは「世界の奇習」であり、大卒予定者が一斉に就職する光景は異様で、かなり気味が悪い。日本型経営が日本人の好みに合致している事実は認めるものの、多くの人が誤解しているような日本の伝統でもなければ、世界の中で持続できるシステムとして確立されている成功モデルとはいえない。

日本の労使一体の行動様式は、経済成長期には上手く機能するが、経済が下り坂になると年功賃金の負担が重くなって上手く機能しなくなる。日本企業は不要な50代、60代を大量に抱え、さらに縮小する経済の中で日本型経営をテストしたことが一度もない。つまり、日本型経営が持続できるかは、これから本格的なテストが始まるのである。

この結論を先に言ってしまえば、日本型経営は望ましい／望ましくないの判断を超えて、これ以上は長く持続できない。その様相は後に説明するが、日本企業はこれから上手く経営を持続できる企業／できない企業で運命が分かれてゆくだろう。

破綻は若者に大きく影響しない

ここで重要なポイントは、財政破綻は社会の「革命」をもたらすという指摘だ。財政破綻で全てが終わり、停止するのではない。その混乱の下で新しい変化が起こり、新しい勢力が伸びる可能性があり、そのターニングポイントが早ければ2018の後、遅くとも2025年には到来する。その影響を、もう少し掘り下げて考えてみよう。

財政破綻というと不吉な予兆が感じられるが、実は、現役世代にはあまり影響がない。ポイントは、「破綻するのは自治体であって、企業ではない」という単純な事実にある。現在の企業が抱えている負債は大きくないし、企業の経営状況に大きな問題はない。破綻するのは、自治体だけである。

次に、もし仮に自治体が破綻しても、現役世代にはあまり影響がない。現役世代は病院には通わず、年金も受給していない。財政が動揺すればインフレが始まるが、賃金はインフレに合わせる形で上がってゆくので、やはり大きな影響はない。また、50代まではあまり大きな貯金を持っていないので、預金が蒸発する悪性インフレを恐れる必要もあまりない。

さらにスタグネーション（不況＋失業）が到来する危険はあるが、仮にスタグネーションになっても、現在では労働力が不足しているため、不況の可能性はあっても失業の側はあまり深刻にならないだろう。つまり、現役世代の不足感は続くので、若い年齢になるほど、不況になっても仕事には困らない。

困るものがもしあるとするなら、来たる増税と、自身の年金が7割にカットされる将来である。

現役世代にとっての朗報になる

財政破綻は、本当に国家的な悲劇なのだろうか？　――いや、実はそうではないのだ。財政破綻は行きすぎた高齢者／地方の過保護を是正するという、現役世代にとっての朗報となる。これは行きすぎた軍国主義から戦争が起こり、やがて敗戦とともに平和が到来する動きにも似ている。実際に、かつて行きすぎた社会保障負担に苦しんだ北欧の国家も、やはり通貨ショックという経済的な変化とともに、社会保障のカットを断行することができた。これと同じように、財政破綻を現役世代にとってのリ・バランスであると考えるなら、むしろ歓迎すべきも変化だ。

わたしは財政破綻が、むしろ待ち遠しい。今の時代に生まれただけで、理由もなく理不尽な負担を押し付けられる若者が救われる方が良いと考えるからだ。どう考えても未来の稼ぎ手の方が重要であり、枯れ木に水をやったところで事態は回復しないのだから、破綻は早い方がいい。8年後よりは7年後、理想的には来年起こった方がいいと思う。高齢者を甘やかすほどこの国の病は重くなり、回復に時間と体力を使う。だから、持久戦はやるだけ無駄で、早くことを終わらせてほしいと願う。

また、どうせ破綻するのだから、破綻までの間に子どもや若年層の側に財政を支出し、早期の破綻を誘発するといい。高齢者にだけ税金を出すのは、他の世代を犠牲にするえこひいきで良くない。だから「全世代型の社会保障」に加えて、公共事業も加えた政府の大判振る舞いが続くと理想的だ。

若者は、日銀と政府が癒着しているモラルハザードの裏にある、〝真の正義〟を信じるのも良いだろう。現状を持続できない以上、日銀総裁は勇気を持って破綻の引き金を引いてくれると予想している。というのも、学術的な研究によれば、財政破綻の引き金を引くのは中央銀行であるケースが多いという結果が出ているからだ。

ここは重要なポイントだが、ビジネスマンが注視すべきは、日銀の人事、政策動向である。好景気のうちは良いが、不況が到来すれば財政再建の可能性は一気に遠のく。永遠に好景気が続くことはないのだから、いつか日銀が試される日が来る。

日本企業の変革が最後の砦

最終的に整理すると、財政破綻後の社会において起こることは、一枚岩の困難ではない。次のページの図にあるように、その受益／損失は世代と領域によって相互に異なる。

現役世代が注意すべきは、公共／シニア向けのビジネスの需要減退である。若年層は持たざる世代だからほぼ不利益が生じないが、40代以降は貯蓄と年金に注意した方がいいだろう。

逆に危ないのは、政府・自治体だが、これはもう諦めるのが良かろう。この集団が無能だから、こういう顛末になっている。さらにシニアの家計／公共分野にいる企業／シニアビジネスの関係者も、覚悟を決めた方が良いだろう。そこから逃げたいなら、早い方が良い。

また、次のページの図を見て分かることとして、将来の日本を救えるのは、企業と現役世代であることも理解できると思う。政府において予算難が続けば、やがて機能不全が起こるので、政府はあまり頼りにできない。高齢者には、後期高齢者の介護／地域社会でのボランティア参加に期待したいが、それ以外の役に立つかと言うと難しそうだ。高齢者らしく——と言っても紀元前からほんの少し前まで当たり前のようにそうだったが——質素

●領域によって異なる財政破綻の影響

政府・自治体	大規模なリストラ（後述）		×
企業（民業）	顧客が現役世代	市場縮小が課題	△
	顧客がシニア	総じて危険（後述）	×
企業（公共）	需要減退に警戒		×
現役世代	若年層	権利を回復／失うものは少ない	○
	中年〜高年層	増税／貯蓄と年金の蒸発に注意	△
高齢者	高齢者らしい質素な生活に回帰（後述）		×

な生活を営み、現役世代の邪魔をしないよう暮らすのが良いと思う。

　こうなると将来の日本において消去法で残るのが、企業と現役世代である。

　消去法で残る企業の変革は、非常に重要である。それは日本に残された最後の希望であり、最後に残されたまともな集団が、企業だからだ。ダークサイドに墜ちてゆく日本において、企業は現役世代を中心として社会全体の富を創ることができる最後の集団である。今までと同じように停滞を続けている場合ではない。生産性を上げ、社会に新しいソリューションを提供し、国家全体の生産性を上げねばならない。自らの変革を通じて、社会を変革しなければならない。他に頼れる担い手は、もう存在しないように見える。

先進国から脱落する危機と戦え

ならば、最後の希望である企業、あるいは現役世代が変われなかったらどうなるのだろうか？　その結末は、「先進国からの脱落」である。次のページのグラフに示すものは一人当たりのＧＤＰ（購買力ベース・２０１６年）だが、日本は30位にまで後退してしまった。グラフを見れば分かるが、米英は既に日本よりも上で追いつけるイメージがない。ポンドの振れ幅は大きいから英国はとにかく、米国よりも２段下まで下がった。

ドイツはまだ日本に水準が近いが、かの国の政府は健全経営かつ、消費税も19％以上まで上げて、この成績である。日本のように１０００兆円の借金で消費やＧＤＰをごまかしたり、中央銀行が金融緩和のモルヒネを打ちまくったり、消費税５％増税の話で、20年も無駄な時間を費やしていない。

これに対する日本はどうだろう。既に狂気的な水準にまで膨れ上がった財政が破綻すれば、より経済が衰退するだろう。高齢者が増えるだけで一人当ＧＤＰは低下するが、それは本当に社会が貧しくなる現実を意味している。日本の少し下のランクに位置するのが韓国とスペインだが、もし財政破綻後に一人当たりＧＤＰがさらに下がり、この２国を下

●一人当たりGDP（購買力平価・USD）

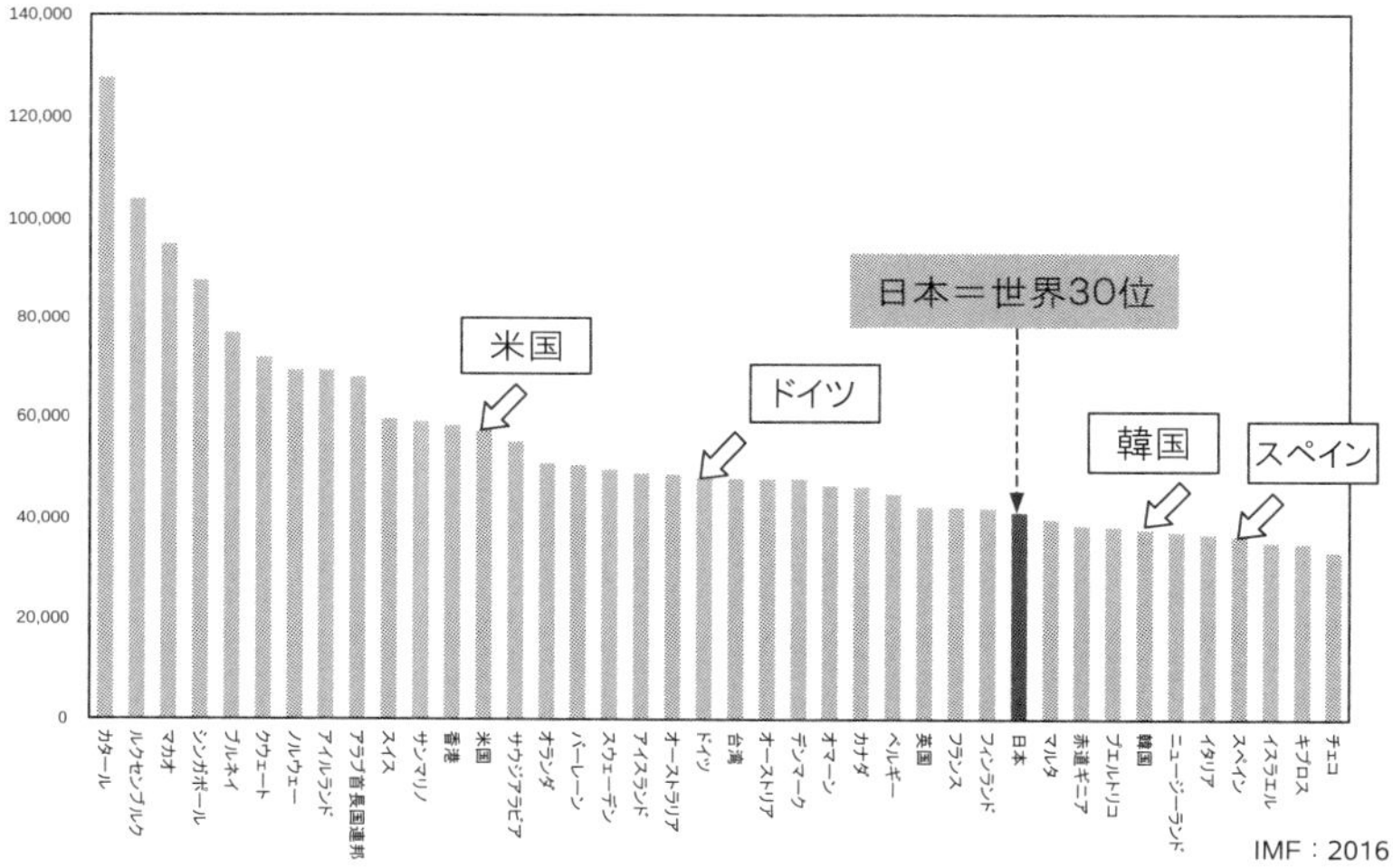

IMF：2016

回ったとしたらどうだろう。それは先進国集団からの脱落を意味しかねない。

最終的に、今問われているのは日本企業全体での改革意欲である。

自らの意識で変わろうと考え、先手を打って変革に挑む企業が多いならば、未来の日本にはまだ可能性がある。あるいは、先手を打って働き方や職場を変える現役世代が多いなら、望みがあるといえよう。

もう十分にこの国は貧しくなった。これ以上先に進めば老人だらけの、絶望的に悪趣味な国になってしまう。最後の砦である企業は、この厳しい現実と戦うべきであろう。我々に残されている時間はそんなに長くない。

次章からはより具体的に、これからの日本で起こるであろう消費市場の変化（第2章）、労働市場の変化（第3章）、企業の変化（第4章）について見てゆきたい。

第1章まとめ

1. 財政は遅くとも、2025年までに破綻する。
○デフォルト／ハイパーインフレは起こらない可能性が高い。
○インフレに加えて増税／不況／失業など、多様な悪影響が及ぶ。

2. 財政破綻は社会の「革命」をもたらす可能性がある。
○今の停滞をもたらした「中央官庁」「日本型経営」「高齢者と地方」は、破綻の責任を取る形で解体されるかもしれない。

3. 財政破綻は行きすぎた高齢者／地方の過保護を是正する、現役世代の朗報になる。
○ビジネスマンが注視すべきは、日銀の人事、政策動向である。

4. 財政破綻後の社会において起こることは、一枚岩の困難ではない。
○その受益／損失は、世代と領域によって相互に異なる。

5. 将来の日本を救えるのは、企業と現役世代しかいない。
○消去法で残る企業の変革は、非常に重要である。

6.
財政問題に関する悲観シナリオは、「先進国からの脱落」である。
○日本に構造改革は起こらずに、ひたすら市場が縮小してゆく最悪の展開になる。

第2章 向かい風が吹く逆境下で、新しいビジネスを作る方法

新規事業は「逆張り」になる。乱世に伸びるのはベンチャー企業。

経済が〝砂漠化〟する時代

ここからは、財政破綻と消費市場の関係について考えてみよう。これからの日本では、消費市場はどう変化するのだろうか。本書で取り上げるのは、自治体／高齢者（シニアビジネス）／ヘルスケア（介護）の3つである。

これら3つを扱う理由は、財政破綻の影響が最も大きい領域だからである。破綻するのが企業ではなく自治体と社会保障の財源なのだから、当然だろう。

もうひとつの理由として、日本市場特有ともいえる、特殊な事情がある。日本の事業界で今起こっている現象を図示すると、図のように従来型の成長ビジネスでは語れない領域が二つある。ひとつはよく言われるように、市場の縮小だ。もうひとつが、本書でネーミ

●事業課題のトレンド（2000年以降）

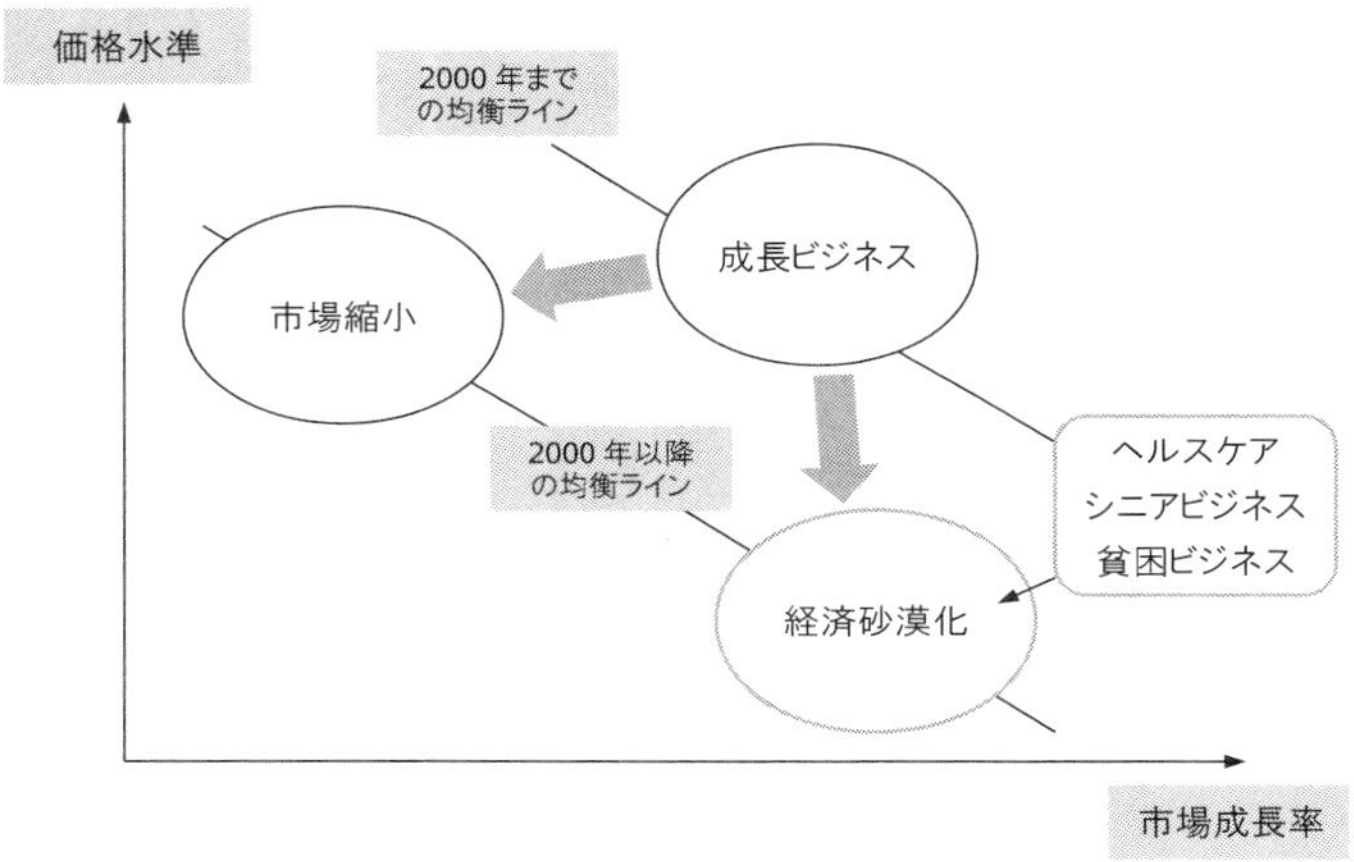

ングするところの、「経済の砂漠化」である。

上のグラフの軸にあるのは価格水準と市場成長率だが、もし価格が下がりながら市場規模が拡大すると、ビジネスとして異様な光景になってくる。

ここでビジネスを農業に例えるなら、水（カネ）が無ければ農業はできない。だから普通、水のある領域を狙う。同時に、ビジネスは更地を求めるから、拡大する農地があった方が狙いやすい。しかし、「水（カネ）はないが、土地（市場）は拡大している」という話になったら、どうするか？　――つまり、これは農業にとっての逆風である、砂漠の拡大に等しいのである。

実は以前から、デフレビジネスの隆盛

がこの砂漠化現象に近かった。少し考えただけでも分かるが、日本でこの20年、流行ってきたビジネスはほぼ全てデフレ志向のものばかりだった。ドンキホーテ／第三のビール／家飲み／鳥貴族／軽自動車／カーシェアリング／パチンコよりも安いという背景で伸びたスマホゲーム／ネットオークション／フリマ／シェアハウス／民泊／カプセルホテル／アパホテル／格安スマホ／価格破壊の４Ｋテレビなど、どれもカネの掛らない方向のものばかりである。

かつて千葉の幕張にあったプリンスホテルは、リゾートホテルのような造りだったのだが、後に廉価なアパホテルに変わった。もし日本が凋落していなければ、今でもリゾートホテルのままであっただろう。渋谷や新宿の一等地に、〝安売りの殿堂〟ドン・キホーテが大々的に進出している国というのは、いかがなものだろうか。

逆に米国で伸びている健康志向のオーガニック食品／セレブリティーが立ちあげた様々なキラキラ・ブランド／高級路線のエステや美容室／高級電気自動車／上昇を続ける人気エリアの賃貸物件／超のつく高級ホテル／上昇を続ける大学の通学費用など、こういった豊かな方向の話は日本では流行らない。

嫌でも砂漠で農業をするしかない

経済砂漠化とどう戦うかという経済分野の研究は、あまり流行らない。誰もがスマホ、VR（仮想現実）／AI／IoTのように、楽にカネが取れそうで、なおかつ規模が拡大している美味しい市場の話を好むからである。これは砂漠という、農業に不利な土地を好む農家がいないのと同じことだろう。

ところが、日本で典型的に見られるシニア／ヘルスケア／自治体といった市場では、この砂漠化が着実に進行している。年金生活者や破綻寸前の政府からカネは取れないが、需要（人口）だけは増大するという奇妙な現象が起こっているからである。

必要以上に暗い話を反復したくないが、今後、日本で増えるのは金持ちと貧困層、どちらだろうか。財政破綻後に税負担が増した時、現役世代の消費はデフレ化し、年金生活者は余裕がなくなってくるだろう。農業として美味しい土地が望ましいのは言うまでもないが、そんな豊かな土地を狙っていては、日本ではビジネスにならない時代が来る。つまり、嫌でも砂漠で農業をするしかないのだ。

この「経済砂漠化といかに戦うか」という点において、高齢者（シニアビジネス）／ヘルスケア（介護）の分析は、今後の日本で新ビジネスを作るにおいて、大きく参考にできる。いわば、将来を占う先進市場になると言っても良いだろう。

加えて、不人気だから誰の興味も引かない一方で、地味な砂漠でも着実に儲けている事業者が存在する事実も忘れてはならない。〝当選者〟の数が少ないのは事実だが、ゼロという話ではないのだ――では、どうしたらいいのだろうか。

さっそく財政破綻後の社会について考えてみよう。

2025年以降の日本経済で起こること

財政に関するマクロ・シミュレーションでは、よく「現在の水準から3割下がった社会保障」が妥当であるとされる。では、この「3割下がった社会保障」は、何を意味するのだろうか。幾つかのヘルスケア事業に関する分析から得られた知見を基に、2025年以降の日本経済がどうなるかを具体的に考えてみよう。

まず、自治体は財政破綻が起こると、予算不足に陥る。だが、自治体といっても1700の市町村があるから状況は一様ではない。あまり知られていないが地方自治というのは無茶苦茶な仕組みで、ひどい自治体になると10％しか自前の税収がない（次頁のグラフ参照）。つまり、住民は1割を負担するのみで、9割は東京や名古屋から送られてくるカネにタカっている。

●地方自治体の財務状況

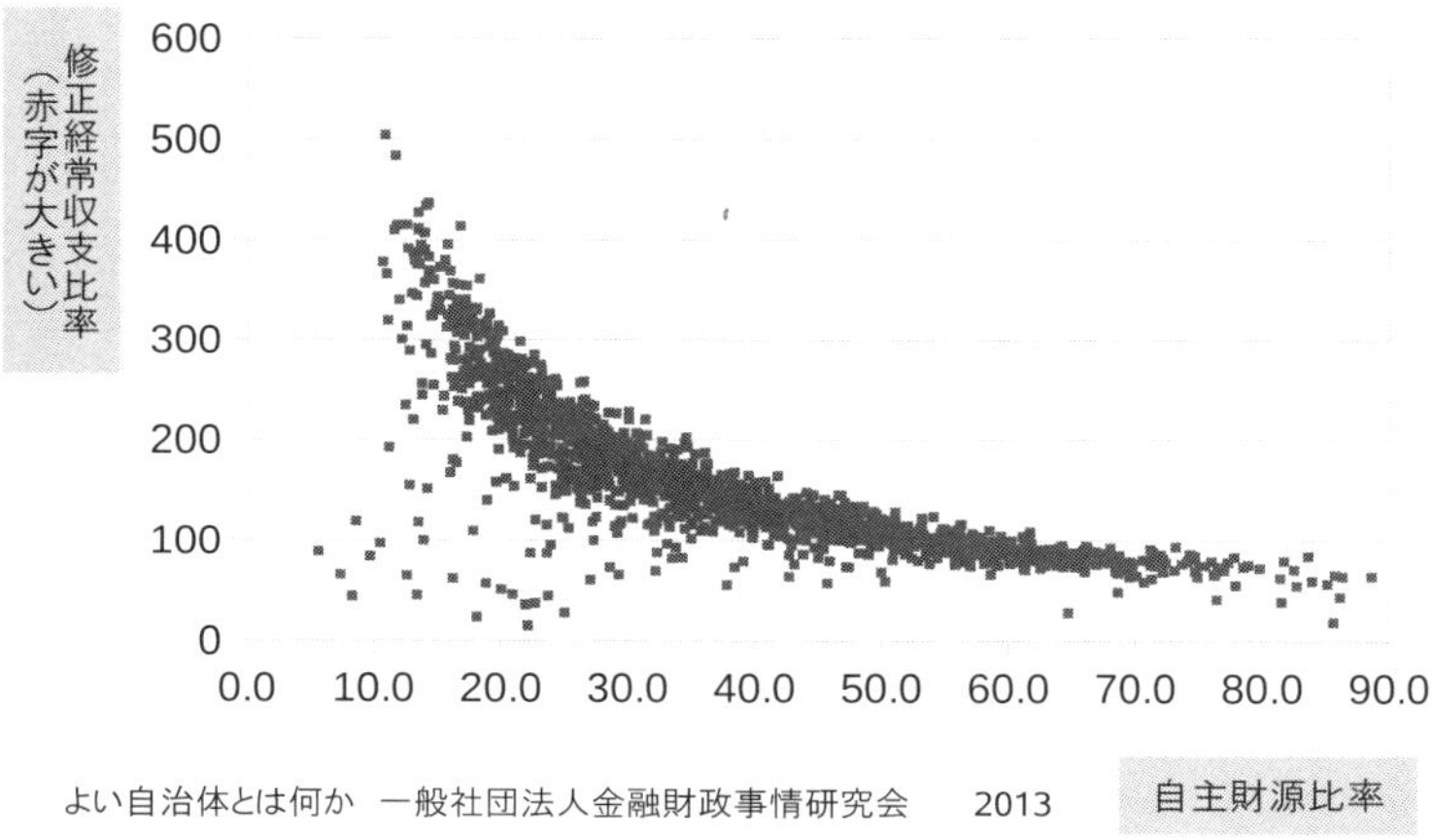

よい自治体とは何か　一般社団法人金融財政事情研究会　2013

当たり前だが、自主財源比率が低い自治体は、自治体財政の赤字幅が大きい。こういった自前の財源のない自治体が、財政破綻後には一気に困窮する。自治体に関する研究によれば、国からの財源が断たれた時には、

①自前の住民サービスを削る
②(非正規雇用への切り替えを含めて)自治体職員を削る

の手段で対応する。つまり、財政が破綻して困るのは、常に税収に乏しい僻地と、産業のない地域である。

この未来を先取りしているのが、既に破綻した自治体だ。法的に整理された夕張市は有名だが、健全化法の適用を受けていなくても、再建を体験している自治体は既に多数出てきている。それらは大

阪府泉佐野市／青森県大鰐町と黒石市／高知県安芸市／滋賀県栗東市／北海道美唄市と留萌市／岡山県など、有名な夕張市に留まらない。

自治体が破綻するとこうなる——夕張市の事例

もちろん事例として最も注目されているのは、破綻を経験した夕張市である。この夕張市のケースは、自治体が破綻すると実際に何が起こるかを教えてくれる。

まず、公的な設備が次々に消えてゆく。公衆便所／パーキングエリア／市民プール／図書館／運動センター／農産物処理加工センター／小学校／中学校／公民館／公営住宅／役所の出先機関／市道／県道／橋が一部封鎖されたり、撤去される。夕張では小学校だけで6校、中学校は3校が閉鎖され、建物としての図書館はもうない。この間には施設の集約が進み、不要な施設は閉鎖された。

さらに劇的に削減されるのが職員であり、財務上も大きな比率を占める人件費は職員数、給与額の双方でカットされる。夕張市ではかつて職員数が320人いたのだが、破綻後には130人に減った。給与は20％カットになり、各種の手当ては削減された。——役所は解雇をしないから安全だ、と就職した層は過去にかなりいるが、この現実を知っているのだろうか？　——こんな勤め先は、危険極まりない。

少し意外なのは、3人に一人の住民が出て行ってしまったことだ。それは破綻と同時に各種の住民サービスの価格が上がると同時に、病院がなくなる影響が大きい。具体的には施設使用料と水道料金が値上げになった。介護保険は値上げになり、市民税も法定上限まで引き上げられる。実際に困るのは、上下水道の停止と病院の撤退である。夕張市では病院の病床数が171から19に減った。スタッフは100名以上が43名に減員。救急医療体制が廃止され、市立総合病院もなくなった。人工透析患者は受け入れ停止になり、市外の病院に搬送される仕組みに変更された。CT、MRIはゼロになった。医者も去った。

この事情は、夕張市に限らない。あまり知られていないが、自治体病院の3割は赤字で、しかもその赤字幅が収益の50%、100%に達することがある。自治体病院の8割は市町村にあるのだが、そのうちの4割は赤字だ。だから破綻後には、身近な市町村で病院の撤退が相次ぐだろう。病院がなくなると高齢者を抱える家庭が音を上げ、隣の市町村に移ってゆく。また、上下水道が止まるところまで来ると、拠点集約に住民の合意が得られコンパクトシティの実現が可能になる。夕張市では実際、困難といわれる拠点集約を実現しているが、これはどん底まで落ちたからこそ、できた住民合意だった。

このように、行政サービスが縮小するのは難しくない。砂漠のように、何もかもが無くなってゆくのだ。

高齢者家計への影響

もうひとつ起こる大きな変化は、高齢者家計の質素化である。

高齢者は、

①貯金の蒸発（インフレによる貯金の減価）

②年金の減額と消費税増税

③医療・介護費の削減

というトリプルパンチに見舞われ、3つの異なる方向から同時に削られてゆく。本書では実際にその際に何が起こるかについて試算を実行し、ここで生じる脅威と機会について考えてみたい。これは多くの人が関心を持つテーマではないだろうか。

しかし、この試算はなかなか難しい。高齢者の生活に関する統計資料が整備されていないためだ。例えば、就業率ひとつ取っても、国民生活基礎調査／就業構造基本調査／全国消費実態調査の3つがあり、しかも各々の数字が違う。家計データも同様に全国消費実態調査と家計調査がある。高齢者の家計は複雑で、普段から年金を受給しているが、介護保険料も消費税も支払っている。さらに貯金を引き出して生活費に充てている。つまり、いろいろな支出と収入を組み合わせないと試算できない。やれば複雑に入り組んだ計算になるから、高齢者の将来がどうなるかをきちんと説明する資料はあまりない。

データの精度に若干の限界があるものの、本書ではできるだけ簡素に、①手取り収入の減額　②医療・介護費の削減について予測してみよう。

①手取り収入の減額

年金の減額は、マクロ経済スライドを使って今も実行されており、何もなくても２０１５年から30年掛けて国民年金は３割、厚生年金は２割が削減される。従って、年金が減る速度が財政破綻によって早まるにすぎない。もし財政が破綻して15％の物価上昇が２年続くと、年金は76％に減る。このようにインフレに対して年金は脆く、あっという間に減価してしまう。試算上、将来の年金は２０１５年の70％になると設定しよう。どうせ遅かれ早かれ、この水準に到達するからだ。

次に、２０２５年には財政難から消費税が15から20％に到達している。日本人は増税に対して激しく抵抗をするから、控えめに15％と見積もろう。この頃には自治体は困窮しているため、上下水道の料金が15％上がるとする。設定を変えるのは年金70％、消費税15％、水道料金15％上昇の３つだけである。さて、どうなるだろうか。

左のグラフに示すものは、２０１５年現在の高齢者の生活収支である。グラフにあるよ

●高齢者世帯の可処分所得

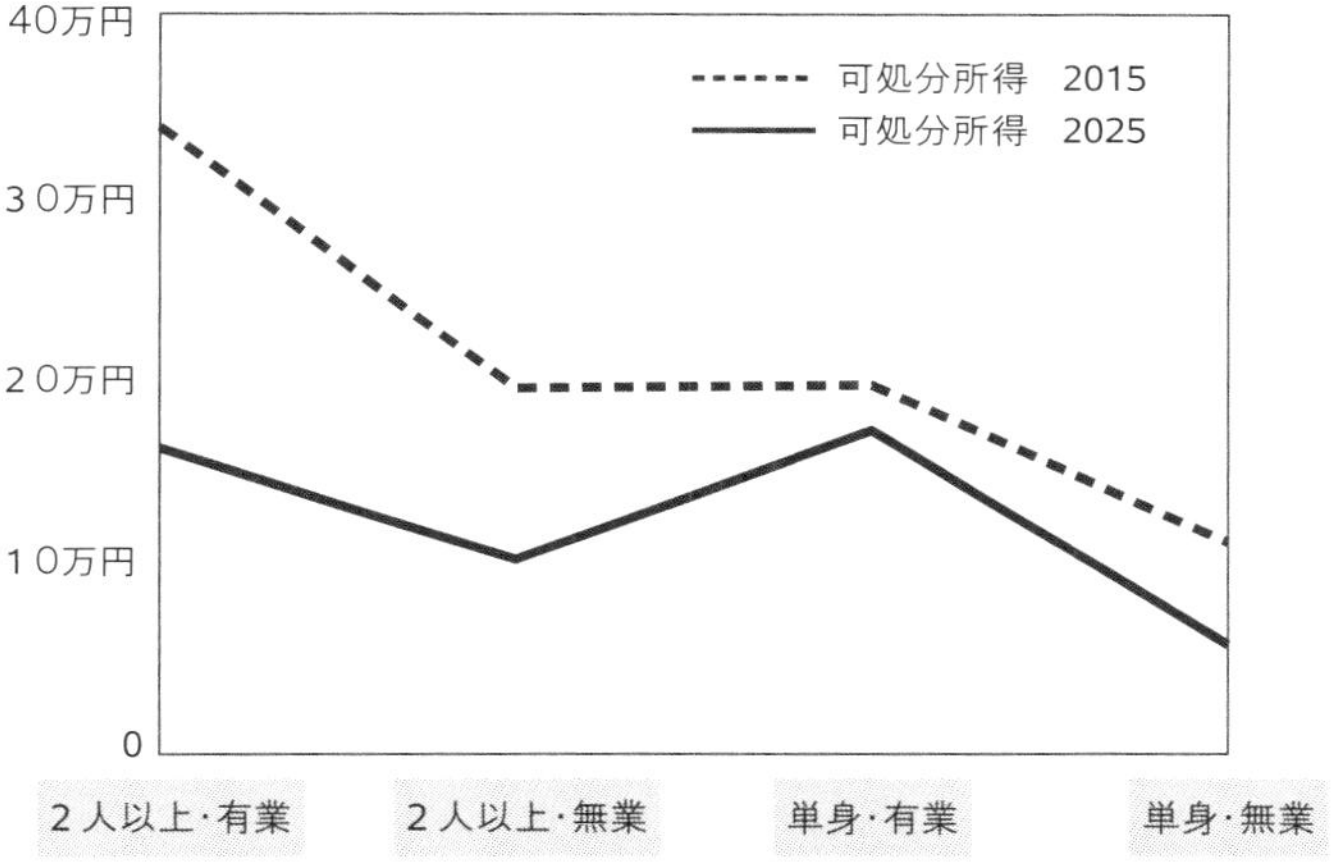

うに、「2人以上の世帯で」「有業になるほど」可処分所得が多い。可処分所得は手取りの収入から各種の給与天引きが終わった後の数字だから参考にしやすい。

問題は、入ってきたカネを使った後の収支（家計収支）の側である。夫婦2人以上で無職になると、収支は赤字になるので貯蓄を取り崩さねばならない。単身世帯でも同様に無収入になると家計が赤字になる。一方で、有業者の家計は黒字だが、高齢者でも細々とパートをすれば、収支を黒字にすることはできるということだ。

これが財政破綻後には、次のページのグラフにあるように全ての収支がストンと落ちて、全ての世帯が赤字になる。毎月4万円から8万円程度のダウンが起こ

●財政破綻後の高齢者世帯:家計収支(試算)

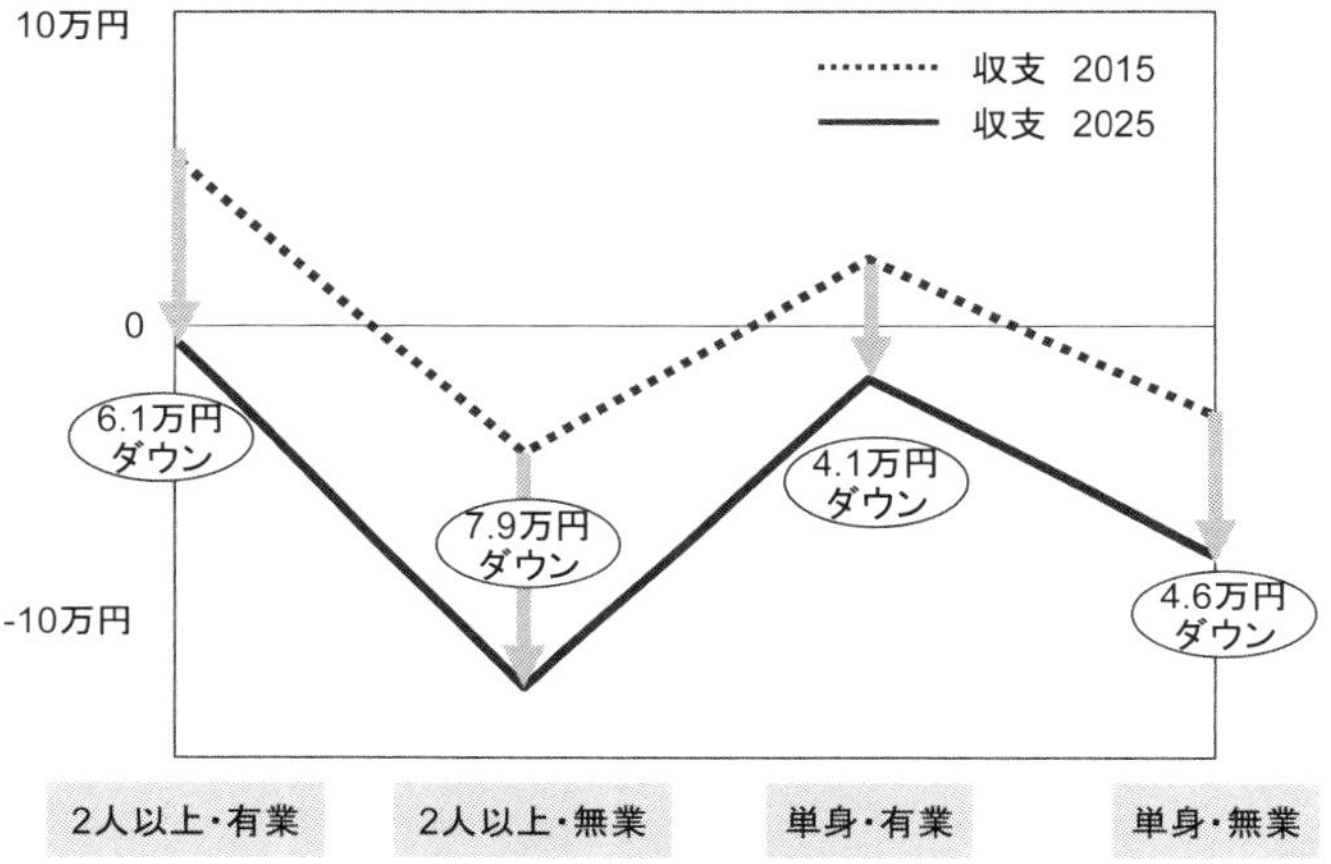

れば、家計を防衛しなければならない。高齢者の小遣いは月に一人３万円程度だとされるが、それはなくなってしまうだろう。ここで家計が赤字になる場合、貯金を切り崩せばいいようにも思えるが、財政破綻後には資産の側でもインフレによる目減りが起こる。だから赤字幅を小さくするために徹底的に生活を切り詰めるだろう。

高齢者のライフスタイルに関する数々の研究から明らかなこととして、高齢者は家計が貧しくなっても、食費／光熱費／医療費／住宅費の４つ（基礎的な経費）は切りたくても切れない。そこで「選択的な経費」と呼ばれる趣味の領域を削ってくる（次頁の表参照）。

例えば、毎日の食費は落とせないが、

●基礎的／選択的な経費の内訳

選択的な経費（削減される）	家具・家事用品	家庭用耐久財／室内装備・装飾品／寝具類 家事雑貨／家事用消耗品／家事サービス
	被服及び履物	和服／洋服／シャツ・セーター類／下着類／ 生地・糸類／他の被服／履物類／被服関連サービス
	交通・通信	交通／自動車等関係費／通信
	教養娯楽	教養娯楽用耐久財／教養娯楽用品／ 書籍・他の印刷物／教養娯楽サービス
	その他の消費支出諸	雑費／使途不明金／交際費／仕送り金
	食料・医療の選択的な消費	健康保持用摂取品（サプリメント）／酒類／外食
基礎的な経費（削減できない）	食料	穀類／魚介類／肉類／乳卵類／野菜・海藻／ 果物／油脂・調味料／菓子類／調理食品／飲料
	住居	家賃地代／設備修繕・維持
	光熱・水道	電気代／ガス代／上下水道料
	保健医療	保健医療用品・器具／保健医療サービス

酒と外食は切り詰めることができるから削減される。つまり、年金の減額が起こると手取りの収入が減り、それを補うために質素な生活になるまで生活水準を落とすのだ。ここで削減の対象となる選択的な経費には上の表のようなものがある。

破綻後に激変するシニア市場

さて、「基礎的な支出」「選択的な支出」に分けて、市場規模の予測をしてみよう。ここで起こる変化は複雑だ。高齢者の数は増え、単身世帯も増えるから、これは市場の拡大につながる。しかし一方で財政が破綻すれば年金が減り、消費税が上がり、水道料金が上がるから、この場合は市場は縮小する。こうして、追い風と逆風が同時に吹く状況が到来するのである。

実際に試算すると、市場規模は複雑な動きを示す。図にあるように、同じ尺度で測った市場サイズを左に図示すると、3つの市場は縮小するが、成長する市場も2つある。ほとんど変わらない市場も3つある。各々の市場のサイズは相当に違うから、影響の大きさはまちまちになっていて、一致していない。特に大きなマーケットは「2人以上・無業」の市場であり、ここでは選択的な支出が激減する一方、基礎的な消費は伸びるという正反対の現象が起こる。

この、市場によってバラバラに結果が異なる様相は、興味深い。どこに立つかによって評価が180度変わるからである。食品や住居、公的医療の関係者は市場が伸びると見る一方、旅行、交際費、外食などの側から見ると市場の縮小が懸念されるのだ。実は、現代

●財政破綻後のシニア市場の激変（試算）

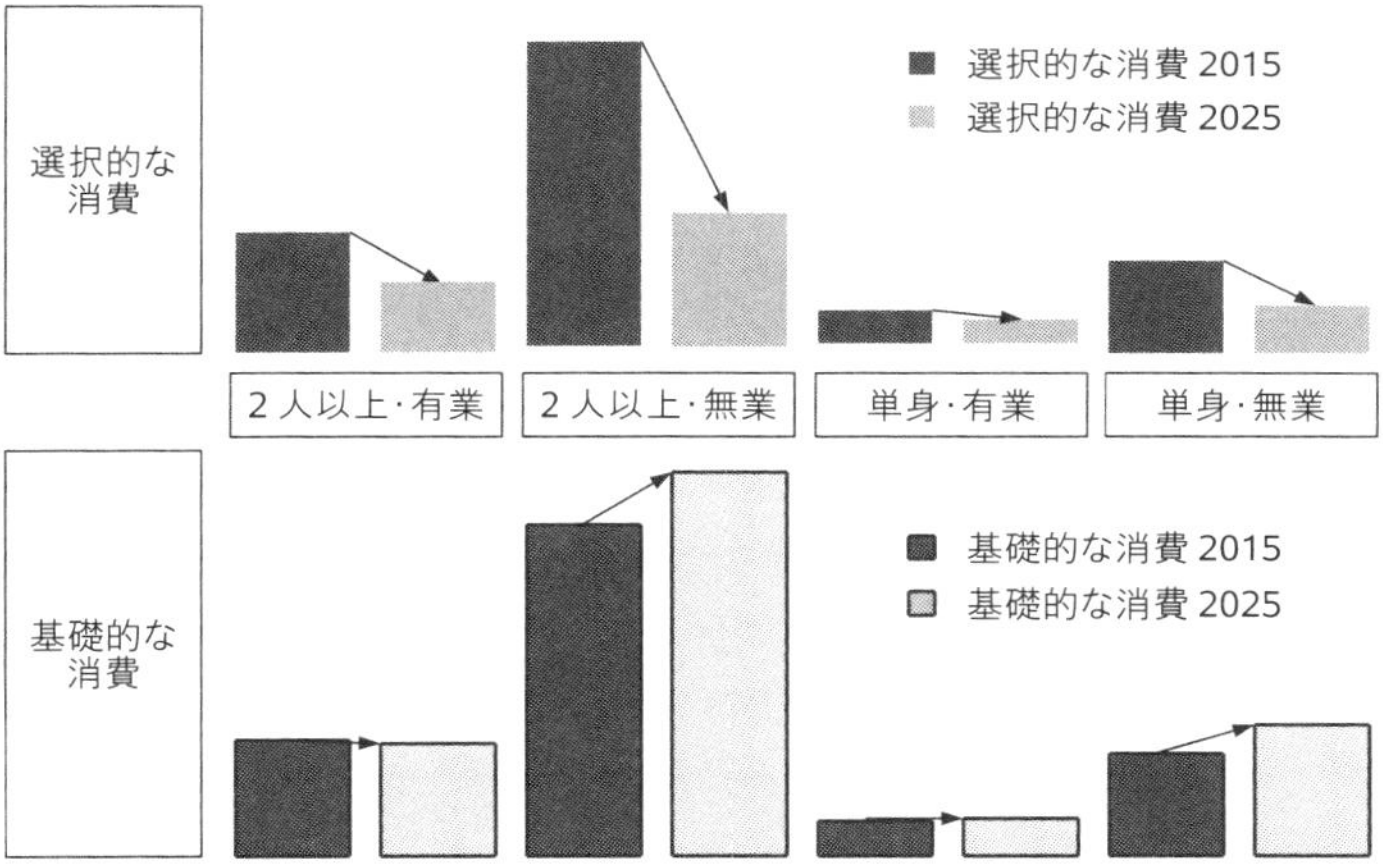

ビジネスではこのような「成長・縮小市場の混在」が増えており、事業開発が難しくなっている。つまり、誰もが乗れるような市場成長は存在せず、「分かるものには分かる。素人には分からない」世界が到来しているのである。

このように安易なトレンドに乗れないという意味で、象徴的なのは高齢者の就業率だ。よく総研、政府関係の資料には「これからの高齢者は、有業者を増やすことが重要」との記載がある。これもまたクセモノで、よくその意味を考える必要がある。有業者が増えると、大きく扱いが変わるのは社会保障である。政府は有業者には社会保障を手厚くしない方向だから、「是非働いて欲しい」という話になる。要するに有業を理由に、社会保障の支出を切りたいのだ。

有業率とは言っても、60代前半の男性でこそ62％だが、75歳になると10％に下がる。女性は後期高齢者に入ると5％もない。ゆえに全体の平均で就業率を10％、あるいは20％上げるためには相当の努力が必要であり、達成も難しい。しかし、仮に努力して20％就業率を上げたところで、実際に試算してみると市場規模にほとんど影響はない。高齢者市場最大のマネーは年金であり、それは政府の手に握られている。無能な政府のせいで財政が破綻し、年金の減価が見込まれる以上、高齢者の残念な未来は変わらないのである――残念な高齢者、と言っても、我々現役世代も将来にはそこに含まれているのだが。

②医療・介護費の削減

次に、医療と介護について考えてみよう。先の分析は年金の使い道に関するものだ。しかし高齢者の放蕩は、医療・介護費にある。政府は年金を3割カットしただけでは、財政を立て直すこともできなければ、破綻のショックを止めることもできない。年金に加えて医療・介護費も3割カットしなければ、騒動は収拾しない。仮に高齢者の年金が3割切られても小遣いが消滅するだけだが、医療・介護は巨大な産業システムに支えられているから、ヘルスケアビジネスへの影響は大きい。

●年齢層別の医療費

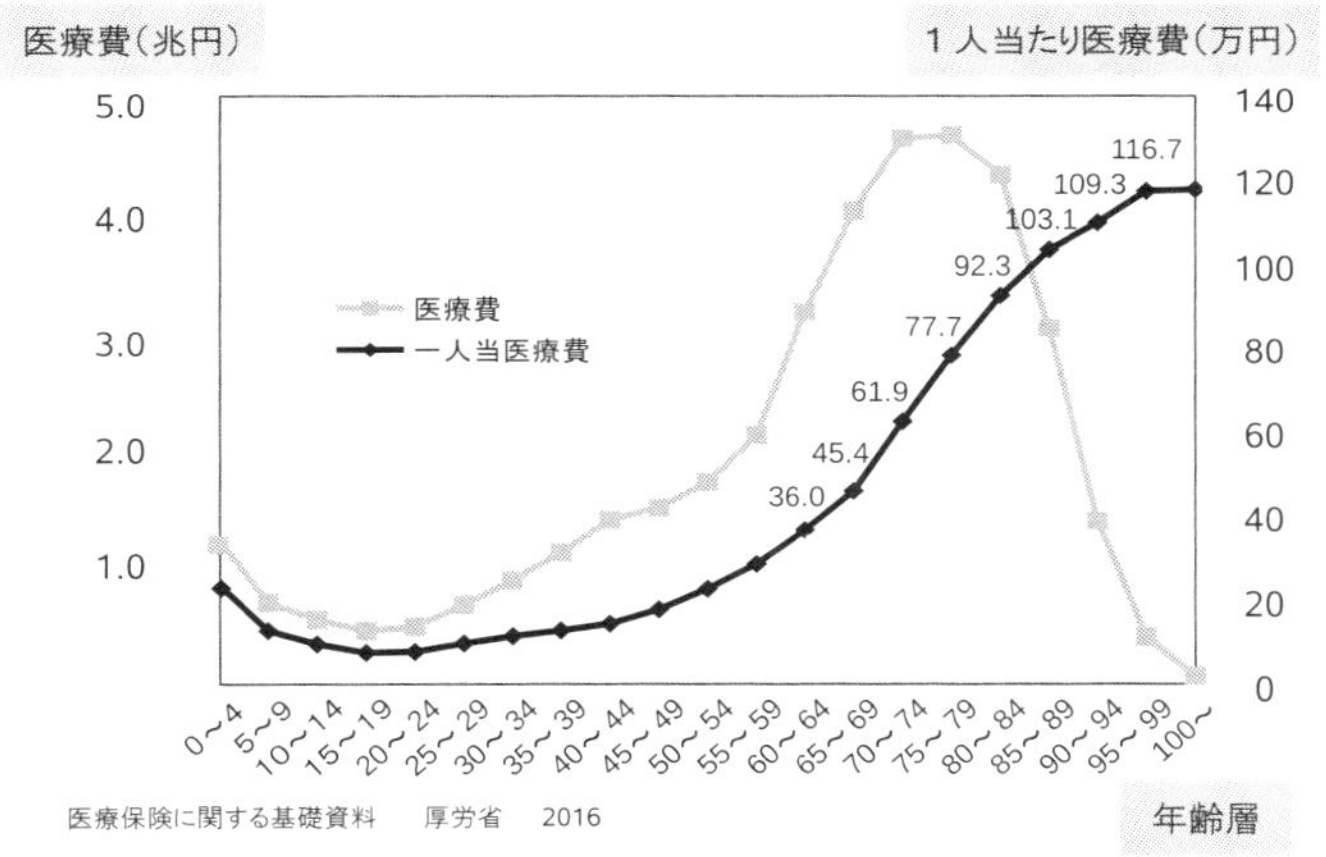

医療保険に関する基礎資料　厚労省　2016

厚労省は以前から、今のままでは財政が持たないことを理解しており、カネの掛からない方向へ政策の誘導を続けてきた。例えば、１９７０年代の高齢者は病院に入院させられ、薬漬けになっていた。薬を処方して入院を長引かせるほど、病院が儲かったからだ。しかし、財政難の現代において、こんな高齢者はもう見なくなった。今では入所介護、通所介護に需要は分散し、コストカットがさらに続いている。

財政破綻後に問題になるのは、財源がなくなることである。自治体病院は数が減り、医療過疎地が拡大する。それだけではなく、医療全体がコストカットに励まないと全体が回らなくなる。では、何をカットすれば良いのか――ヘルスケア産業には、「供給が需要を作る」という特性がある。例えば、新薬ができれば患者はそれを望むから価格が高くても処方したくなる。なぜなら医者は儲かるし、家族の側は「処置を止めてくれ」とは言い出せないからである。こうして膨大な予算がムダな延命に使われてきた。

前のページのグラフにあるように、80歳を超えたあたりから一人当たりの医療費が100万円を超える。これに介護費を加えればさらに増える中、この数字はあまりにも厳しい。2012年には現役世代が2・4人で一人の高齢者を支えていたが、2050年には1・2人に一人になると予測されている。だとすれば夫婦で子どものいる世帯は、高齢者一人当の累積医療費2600万円を、今は一人分、将来にはほぼ2人分、最高で約5000万円を一高齢者のために負担させられる計算になる（世代会計における若年層の損失はさらに大きく、8000万円を超える）。2600万円あれば安いマンションが買えるし、都内でも5000万円あればマンションは買えるだろう。この一戸分を、その辺の高齢者のために黙って出せという資金繰りはまさに狂気であり、ありえない。

この国はこのような「狂気の医療制度」を推進しており、こども園や幼児家庭の貧困にはカネを出さないくせに、80歳をすぎた老人に対する、たった1年の延命に100万円を出している。高齢者が早く死んだところで、寿命が少し短くなる程度にすぎないのだから、そこにカネを投じる意味はない。幼児や若者を進んで保護すれば将来の税収も上がるのに、このように医者や役所が自らそれを足蹴にしているから、少子化が止まらないのである。財政破綻の前半戦は、公共インフラに600兆円もの投資を確約させられた米国との日米構造協議にあった。これで財政は「半焼」し、次に来た「全焼」の主犯が高齢者福祉である。そして、財政運営の上で実際に大炎上しているのが、特に、後期高齢者の医療費だ。

延命医療から終末医療へ

では、後期高齢者医療の遮断は、どうやってやるのだろう。その方法は二つに大別され、「終末医療」「支える医療」という枠組みである。終末医療は文字通り、治療せずに死を迎える方向で医療を止めてしまうことを指し、支える医療とは、遠隔医療を指す。

高齢になるほど医療／介護費が増加してゆく以上、終末期におけるコストを切ればいい。実際に終末医療において日本は後進国であり、対策の余地が大きいのは早期の延命停止である。欧米では点滴も経管栄養もしないで、食べるだけ、飲めるだけで看取るという。ヨーロッパでは太っている人が多いために寝たきりになるが、自分の人生は終わりだと悟って延命治療はしない。世界から見れば延命治療を施す日本はむしろ特殊な国で、例えば、高齢者に対する胃ろうは北欧では虐待行為だとされているが、日本ではよく行われている。

病院経営上の理由からも経管栄養や中心静脈栄養で延命されている患者がいなければ、療養病床の経営は立ち行かない。死にゆく老人を商売のダシに使う病院があるからこそ延命治療はなくならず、その請求書は現役世代のところに来るというわけだ。こうして掛かる経費が一人当たり100万円超になる計算なのだが、このばかばかしい現状を終わりにするのが終末医療だ。しかし、現在のところ保険適用がなく、全く普及が進んでいない。

財政破綻後には延命治療の供給は停止され、終末医療にシフトしてゆく。実際に財政破綻が起こった夕張市では、過度の延命治療を望む家族はいなくなり、延命治療は行なわれなくなった。終末医療はこれから普及期に入り、保険が適用される日も近い。

夕張市での先進事例――「支える医療」

この夕張市を先進事例として作られたのが、「支える医療」である。夕張市では財政破綻が起こったため、財源の無い中で独自の医療システムが試行されてきた。その概要は、左の表にまとめられる。

日本は以前から、総合病院が多すぎた国である。だから、地方のある市内に存在する総合病院と自治体病院はどちらかが無くても問題ない。そして財政破綻後には、経営状態の良くない自治体病院の側が廃院になるだろう。それでも病院の運営にはカネが掛かるため、

●「非効率な医療」と「支える医療」

	現在の高齢者医療	夕張モデル:支える医療
病院	総合病院が過剰	自治体病院撤退 過少に向かう
診療/調剤	受付型	派遣型
検査機器	各病院に点在	拠点病院に集約の方向
介護	施設に多様性 在宅との組み合わせ	在宅中心に転換
投薬	ジェネリックへの切り替え	自ら健康を維持
健診	任意かつ努力目標	ほぼ義務化される
終末医療	延命治療は無駄 健康保険の適用外	早期の延命停止/保険適用

さらに病院にあるベッドをなくし、医師は地域を車で回るようになる。こうして夕張市がそうであったように、遠隔医療や訪問医療が発達する。

病院から検査機器も撤去され、診療所は機器の充実した大病院に、検査のために行くよう患者に指示する時代が来る。

さらに介護事業所も徐々に減り、家族は自宅で介護するようになる。地域では自宅で看取るよう指導され、延命治療よりは自宅での看取りが優先される。この頃には終末医療にも保険が適用されており、家族もそれに同意せざるをえない。

薬代も減らさないと、財政がもたない。だから厚労省は現在、80%という高い水準でジェネリックが普及するよう指導中だ。検診はある程度義務化され、検診に行かない人は病院での支払いに関する自己負担率が増すだろう。

介護の場は自宅へ移行する

現在と将来の最大の相違は医療、介護の場が施設から自宅へと移動することである。これはビジネスとしては「店舗と出前サービス」ほど相互に異なる、劇的な変化である。「施設から自宅へ」には病院バージョンと介護バージョン双方の政策が用意されているが、本書では、介護の側を紹介したい。

厚労省は以前から、カネの掛かる施設から自宅へと高齢者を案内すべく、政策を誘導してきた。高齢者ホームのような利用料の安い公営施設を作れば誰もが入りたがるから、施設を作るのをやめて、入らせないようにする。こうしてカネの掛かる領域から締め出す形で病院から居住施設へ、施設から通所介護へ、さらに自宅へと高齢者を移動させる（左の図参照）。

現在ではさらに「通いの場」という構想が動いており、これは要するに、公会堂に高齢者を集めて認知症対策のために体操させせようという算段である。高齢者の生活を手伝うのは、建前上はボランティアだが、実際には低賃金のアルバイトで、しかもその担い手は地域にいる前期高齢者になる。彼らはボランティアポイント、あるいは時給８００円といっ

●介護市場における政策トレンド

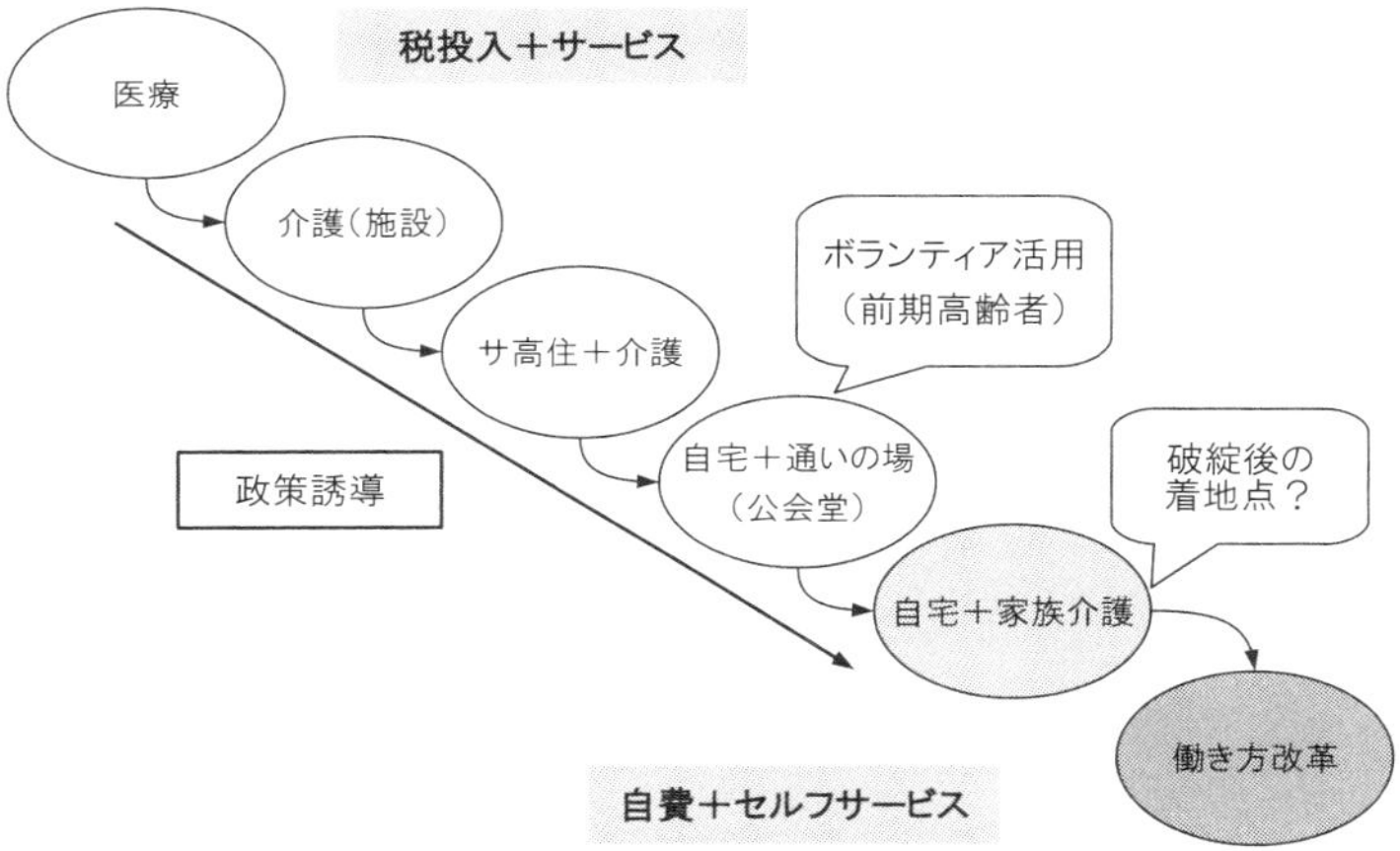

た金額で地域内の後期高齢者の自宅を回り、生活支援と称した掃除／見守り／買い物の手伝い／話し相手などの身の回りの世話をするようになる。この制度はまだ始まって日が浅いが、徐々に地域に浸透してゆくだろう。ヘルスケアの専門家は、さらに先を見ている。このままでは財政が持たない以上、さらにカネの掛からない仕組みに転換するため、最後に期待されるのが家族介護だ。

既に整備が始まっている働き方変革は、介護離職ゼロとセットになっている。つまり、「家族のあなたが親の面倒を見てください。企業はそれを支援するように」という環境整備を進めている訳だ。介護保険の一部を家族に回し、労働に費用を払う案もある。これは昔からあるアイデアだが「家族介護の制度化だ」という反発があったから、過去には引っ込められてきた。しかし、財政が破綻すればそれどころではない。ゼロ円よりは少し貰えるだけでもマシだと、法制化が進む可能性がある。

また、医療・介護から予防に重心がシフトしてゆく。現在でも検診が市町村で行われていたり、健康指導が健保で実施されているから、予防の動きは進んできた。ただし、専門的になるので省略するが、予防はやりすぎるとむしろカネが掛かる矛盾がある。予防しすぎれば寿命が延び、延びた先でさらに重い症状になって医療費が嵩むからである。従って、無制限に普及することは起こらず、採用には一定の条件が付くだろう。

勃興するコスト削減ビジネス

さて、ここでビジネスの対象になりそうなものが、何か考えてみよう。まず、増えるものと減るものが分離することが分かる。上の表を見れば分かるが、減るものはカネの掛かるものばかりだ。増えるものは逆に、カネを掛けない方向のものばかりである。「カネを使う需要」から「カネを掛からないようにする需要」へと中心が移動し、広がってゆくのはコスト削減を実現するエリアである（左の図参照）。

これが典型的に、経済砂漠化見みられる現象である。つまり、大きな需要がありそうで

●「経済砂漠」におけるニーズ

増えるもの	減るもの
前期シニアの有償ボランティア	年金
訪問医療／遠隔医療	病院
終末医療	延命医療
大病院への検査通院	検査機器
家族介護／公会堂での運動	入院／入所介護／通所介護
健康ポイント制度／予防医療	平等（≒医療機関の収益）
▼	▼
コスト削減ニーズ	持続不可能　→　撤退

いながら、手を出すのが憚られるのだ。
経済砂漠の方が、単純な増収型のビジネスよりもはるかに難しいケースが多く、事業としても過酷になりやすい。

例えば、低価格が常態化すると顧客に値上げを請求するのが難しくなるため、それでも事業を維持しようと、従業員の給与をカットする経営者が多い。これは、いわゆるブラックビジネスに行き着く。

それでもまともに事業を成り立たせようと考えれば、事業の仕組みを根本的に見直し、ユニクロ／デル／格安航空（LLC）／ウーバー／エービアンドビーのような、従来の常識を超えたシェアリングといった仕組みを導入し、低価格で運営可能な事業モデルを新しく開発するしかない。

要するに、砂漠で農業を営むにはそれなりのハイテクや事業アイデアが必要であり、クリエイティブな事業家でないと、新しいビジネスとして完成させることができないのである。

例えば、効果的な予防医療を定着させようとすると、それなりに新しい仕組みとアイデアが無いと事業としてモノにならない。新検査の特許／それを成り立たせる機器／持って回るための巡回サービスカー／協業して全国に普及させるためのパートナー探し／提携やFC／、マーケティングとして消費者と自治体を説得するノウハウなど、多様な要素が同時に必要になるからである。

イメージとしては、砂漠にトマト栽培のための人工の温室を作り、水を再利用しながら巡回させる仕組みを新たに発明するようなものだ。カネと手間が掛る一方で、機構はそれなりに複雑になる。

必要なのは、逆張りの発想

加えて、その事業を開始する意思決定も難しくなる。日本企業は集団で意思決定する傾向が強いので、財政破綻というネガティブな話をすれば「そんなことは、ないんじゃないか」という反論が出てくる。仮に総論で賛成しても、今度は破綻の時期を巡って揉めるだろう。しかし、その論議を押し切れるほど、日本の大企業に優れた経営者はいないように感じる。

サラリーマンの延長にいる日本企業の経営者は、周囲の反対を押し切るほどの胆力がなく、そこまで先見の明があるようにも見えない。メディアがＩｏＴと報道したらＩｏＴにいっせいに群がり、これまでもアクティブシニア／ソーシャル／女性活用／ビッグデータ／ＡＩと、経済メディアが流布するバズに釣られて、その真偽も確認せずに追随してきた。「そこに目を付けるとは、お目が高い」と感心するほどのユニークな経営者は、近年一度もお目に掛かったことが無い。ベンチャーの社長とサラリーマンの間で商売に対する感度の差は拡大し、個人レベルでは既に勝負にならないところまで開いているが、これはベンチャーがすごいというよりサラリーマンの側が落ちたように見える。

もし財政破綻狙いで勝負に出る大企業があるとしたら、そこにはまだ力があると思うが、今の日本でそれができる企業が、はたしてどれだけあるだろうか。それなりに難しいのではないかと思う。

このように、ただでさえ現代の新規事業は、分かりづらいものへと難易度を上げている。実際にビジネスの練習として、以下の動向で成長が期待される新事業が何か分かるだろうか（簡単なテストだと思ってやってみて欲しい）。

◎問1：年金が3割減ったら、高齢者のいる家庭は何を買わざるをえない？
◎問2：高齢者の旅行は、どう変化するだろうか？

（回答）
問1：年金が減れば世帯収入が減るから、残った家族は働きに行くしかない。近居も含めて、家族が働くためには老いた親を家に置いていけない。だから低料金の（そしてブラックのリスクがしばしば囁かれるタイプの）通所介護とお泊まりデイの需要が高まる。誰かに預けないと、家族全体が経済的に追い込まれてしまうからだ。同じ理屈から、低料金のボランティアによる生活支援／遠隔式の見守りＩＴ製品／家族の手が掛からないようにするための「低価格の」会話ロボットなど、コストを下げつつ手間を掛けない商品が売れるようになる。また、離職の多い介護職員を引き留めるために、苦痛の大きな作業（排泄介助など）を軽減する軽度のロボット化が進む可能性がある。

問2：財政破綻に伴って選択的な消費である旅行は削減対象になるから、市場が縮小する。また、団塊世代から下の若い世代は都市や世界旅行を好み、地方の温泉を前世代ほどは好まないので、都市への回帰を強める。すると日帰りで少し贅沢な食事をして帰ってしまうだろう。この場合、都市の観光地では高齢者の比率が高まるが、地方かつ泊まりの宿泊施設に来る高齢者は減る。多くの温泉旅館が廃墟と化し、独特の風情を醸し出すだろう。もし中国人が代わりに来てくれれば非常に望ましいが、どうなるかは分からない。

これからの新規事業が難しくなることが、よく分かると思う。これらは豊かさや科学の進化の延長にないからだ。誰でも同じだが、等しく全員が豊かになるというタイプの需要は簡単に予想することができる。もし所得が上がれば、海外旅行が増えるだろう。所得があるなら、最新の省エネハウスにも住みたがる層が増えるだろう。しかし、これからの日本はそういう素直な需要を期待できない。すると、話が一気に難しくなるのである。

決断できるベンチャー企業が伸びる

結論から指摘すれば、これから到来するであろう経済砂漠化への投資は、ベンチャーでないと決断できない可能性がある。ベンチャーならば「2018年から2025年に起こる財政破綻」を待ち伏せすることができるし、大手が容易に侵攻してこない状況をむしろ歓迎する。

さらに、ベンチャー向きの条件もある。これまで見て来た通り、経済砂漠化に向かう市場では、コスト削減ビジネスが一気に伸びる。訪問医療／終末医療／健康ポイント／予防医療といった各種のビジネスは、どれも従来の医療、介護のコストを削るものばかりだ。
しかし、ほとんどの事業者は現在のコストの上で稼業を営んでいるから、コスト削減ビジネスには容易に手を出せない。例えば、大病院を相手に事業を営んで来た検査機器メーカーが、逆の側にある低コスト、訪問診療のための機器を作れるだろうか。あるいは、新薬メーカーが自ら価格の安いジェネリックに手を出したり、病院が自ら医者と看護師の給料をカットするのも簡単ではない。

こうしてベンチャーの有利が強まると、大企業との共存が図られる動きが出てくる。現在流行しつつあるオープン・イノベーションは、小ベンチャーが大企業のための新規事業として動く様相を指している。

このように大企業とベンチャーが共存するタイプの住み分けは、他の市場でも以前から成り立ってきた。米国の投資銀行は、あまりにハイリスクな投資に対して、ヘッジファンドから投資商品の導入を図ることでリスクを管理している。投機性が高まった新薬市場では、バイオ・ベンチャーが新薬を作り、それを巨大製薬会社が会社ごと買い付ける手法が定着している。リスクが高い領域にはベンチャーが対応し、大手は後からリスクが下がった状態でベンチャーを丸ごと買収するという流れである。これが既に日常となり、阿吽の呼吸で上手く運用してきたのが米国IT業界とシリコンバレーだ。日本における経済砂漠の領域でも、同様にベンチャーが活躍する可能性が高い。

●日本経済における需要拡大の様相

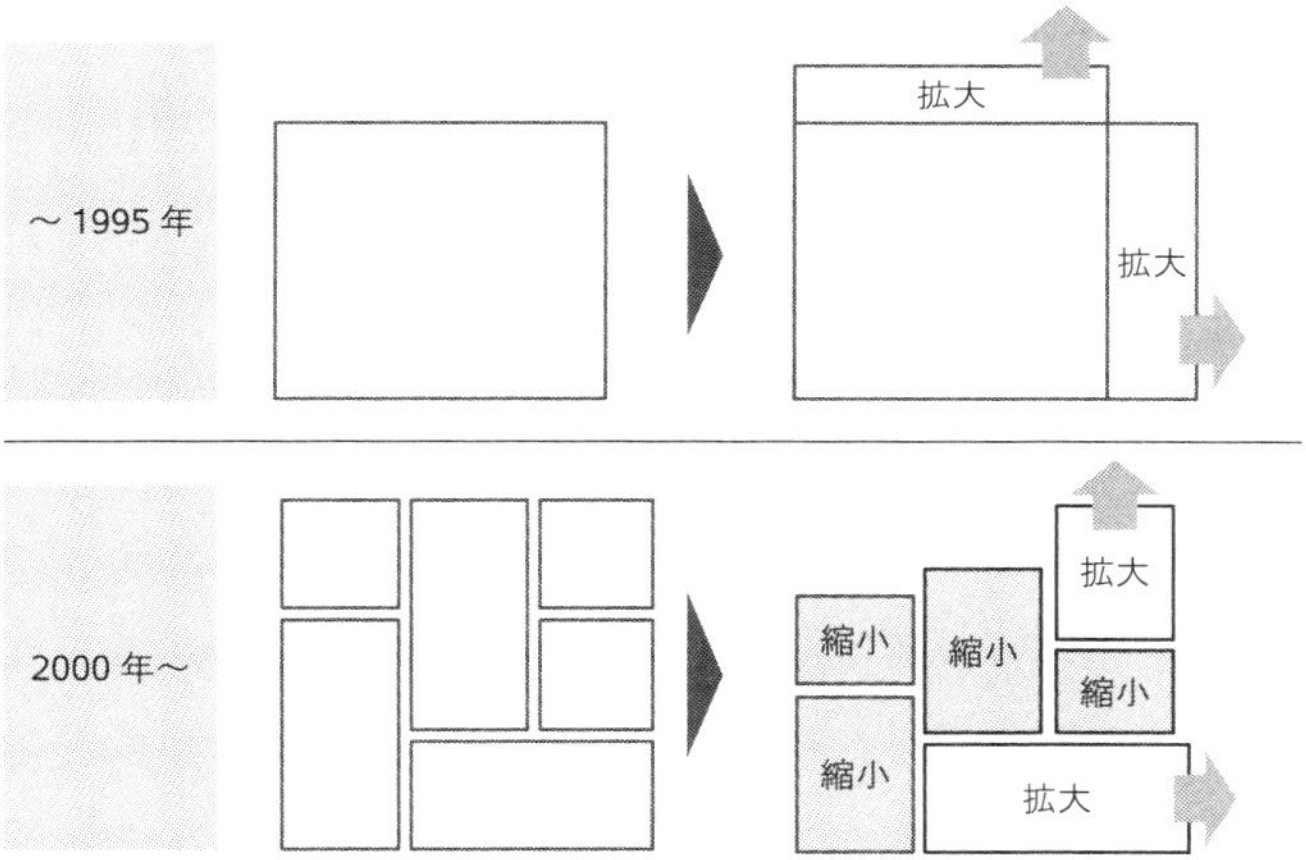

そろそろ、結論に移ろう。財政破綻後のヘルスケア市場に留まらない議論として、経済砂漠における新規事業の様相は過去とはすっかり変わってしまった。上の図のように、かつて成長期にあった新規事業は簡単だった。需要の拡大は明らかであり、市場は成長しており、誰もが明らかな新規事業の予感を感じることができた。だから大企業はどこでも新規事業部を作り、ローラー作戦のごとく新しい需要に対して新会社を作って対応していったのだ。

しかし、今は全く状況が違う時代になった。経済砂漠の領域では拡大と縮小がセグメントごとに入り乱れ、ここで起こることは混乱したゲリラ戦であり、不確実性の高さと逆張りの強さから、大企業は容易に手を出せない。

残念ながら、この領域で大企業が新規事業の最前線に立つ時代は、もう終わったと思う。20年経てばまた勢力として復活するのかもしれないが、現代の新規事業はサラリーマン集団の手に負えるものではなくなりつつある。なぜなら大企業、あるいは旧い中堅企業の側でも、新規事業を実行する力がただでさえ弱まっているからだ。

世界企業の経営レベルは上がり、日本は取り残された

ある世界トップランクの大手メーカーの中央研究所の室長と、案件の終了後に食事をご一緒したことがある。このクラスの人物になると学歴は世界トップ10大学の博士課程卒で、なおかつ世界を飛び回っており、日本の平均的なサラリーマンとは格が違う印象がある。この室長が話していた指摘は明確だった――「日本がどうこうじゃないんだよ。世界の経営レベルが上がったんだ」。

米中といった世界企業の経営レベルが上がったために、日本企業は追いつけなくなったのだと言う。確かに、思い当たる節は多い。世界の電機産業は戦略を駆使してグローバル市場で戦ったが、「技術があって、戦略で負けた」と言われる日本の電機産業は完敗し、産業ひとつ分の売上が吹き飛んだ。シャープに至っては台湾企業に買収され、しかも買収

後に経営は立ち直った。シャープの経営陣に力が無かったことは明白であろう。

シリコンバレーは日本に圧勝し、ソフトバンクの孫社長が作ったファンドは米国への巨額投資を決定した一方、日本に投資する予定はないという。統計的にも日米のベンチャー投資額は1：90の差が付いて勝敗は完全に決しており、追いつくどころか例によってまた引き離される、嫌な予感がする。欧州、中国にも完敗しており、世界の全てから引き離されるだろう。高齢者が多い衰退国に、進んで投資したがる投資家はいない。「課題先進国」とか屁理屈を主張している総研もあるが、さしたる結果は出ないと思う。世界各国の有力者は興味をもって日本の高齢化社会を見ているが、それは先進事例としてではなく、反面教師の興味が強いのではないか。

日本企業の中でもグローバル市場で善戦している企業は確かにあって素晴らしいと思うが、フォーチュン500に入っている日本企業は52社しかないから、そこに活路があるとは思えない。さらに、仮に外需でどんなに頑張っても、それは国内で要らない中高年の男性社員を雇い続ける理由にはならない。肝心の国内経済の運営、あるいは個別企業の経営レベルはどうだろうか。ほぼ惨敗に近い成績ではないか。20年もあって何一つ良くできなかった上に、それは30年目の側に順延しており、それを覆すような端緒を今でも発見できない。このままいけば停滞が順延され、順当に貧困化し、ダークサイドの闇がより深く、より広く社会を覆うだろう。

我々は今、どこに居るのだろうか？

わたしが思うに現在地点のレベルはかなり低い。そして、なぜここまで負けが込んでしまったのかを考える価値があると思う。事業開発の枠内に限って論を進めたいが、率直に言って、日本企業の事業開発力はかなり低い。その呆れた現状は、次のようなものだ。

まず不思議なのは、日本企業の幹部は「新規事業」の定義を未だにできないという現実がある。これは製造業に多いのだが、新規事業と言うから話を聞くと、商品開発の話であることが多い。「ある商品Aの次、そのBを考える」――否定する気はないが、それは新規事業ではない。少し抽象的な話なので、ソニーのFelica（フェリカ）を例に説明したい。

ソニーのフェリカは、典型的な失敗事例として有名だ。まず、ソニーはJRの研究所とともに、フェリカチップという、自動改札機を通すためのカード用チップを開発した。これはチップとして出荷されるから、「新商品」に該当する小さな部品だった。

問題は、日本の全国民にこれを配布しても、10億円程度にしかならないという年商の小ささであった。だからこれは、新規事業ではない。新規事業はどこにあったかと言うとチップからの信号を情報処理し、決済するITインフラの方にあった。これなら数兆円単位の決済を代行する巨大なビジネスになる。

チップそのものは事業のごく一部を成す部品であり、新規事業の要素ではあるが、それをもって事業とは言えない。こんなことは少し考えれば分かるから、フィリップスはチップは作らずに、イスラエルのベンチャーから部品のチップを仕入れることにした。彼らは文字通り「新規事業」を推進し、国際標準として仕様をまとめ、世界に基準を流布し、世界中で決済システムを手がけた。しかし、ソニーは新商品と新規事業の違いが最後まで分からなかったために商機を落とし、決済インフラの側は他社に握られている。

この話は90年代の話であり、もう懐かしい程度の逸話にすぎない。米国でも1980年代にはIBMがマイクロソフトの手がけたOS事業の商機をみすみす逃したりと、こういった戦略ミスはそれなりにあったと思う。問題は、その後だ。

ものづくりかサービスかのジレンマ

水面下でメーカーと戦略コンサルは、90年代にずっと同じ議論を繰り返していた。そのお題は、「メーカーはものづくりか？　サービス業か？」である。コンサルは「GDPの8割はサービスだから、モノからサービスへ移行せよ」と何度も主張してきた。しかし、メーカーの側は頑として譲らず、ものづくりに固執したケースが多かった。

この経緯は、後に二つの流れを生んだ。ひとつは、あくまでもモノに固執する代わりに、世界に商圏を広げた流れだ。例えば、電機部品／センサー／炭素樹脂／化学材料／モーター等は製造品の大量生産に持ち込み、世界中に売れば良い。商法を変えずに、自分たちの得意なものづくりを続けるシナリオである。これはこれでビジネスとして成り立つから、今でも素材／化学／電子部品といった分野ではこの商法が健在である。

もうひとつのケースが問題であり、それは国内で社員にやることがなくなってしまう、長きにわたる停滞であった。日本国内には、もし製造業者でもサービスに手を出さなければ、ものづくりだけでは食っていけないビジネスがあった。この典型が、複写機のビジネスであった。複写機の普及期には大量の営業マンが活躍するが、普及期が終わり、市場が縮小を始めると営業マンは1／3くらい要らなくなる。ところが日本企業は解雇に踏み切らないから、ここで営業マンが移る先となるサービス業が必要になるのだ。しかし、過去にサービス業への移行を拒否したために、彼らには受け皿がなかった。こうしてまた「ものづくりかサービスか」のジレンマが始まり、課題がグルグルと回りだす――これは本当にばかばかしい。単純に両方やれば良かっただけだ。

なぜ両方できなかったかは後に説明するが、これが典型的な日本企業の新規事業に対する態度である。1980年代の戦略論が登場した時代から、ちっとも経営が進化していない。他国の企業がとっくに卒業した課題がまだ消化できないから、現代でも20年前と同じ話を蒸し返しており、外から来た人間からすれば「また、その話ですか？」というところで止まって動けない。従来のやり方の外に出ようとすると課題消化能力が異様に低いのである。

日本の大企業は〝ゆでガエル〟だといわれているが、外から見ているとその通りである。実際に笑えない話だが、ある大メーカーで商談している時に新規事業だと言うから、違和感を覚えて、ふと訊いてみたことがある。「その話は、ずっと以前からありませんか？」と。すると、担当者は「20年前から、同じ議論を繰り返している」と苦笑しながら話していた――日本において過去20年、賃金が下がり続けた真の理由が、ここにある。

低い経営レベルを上げてほしい

日本企業が病的におかしいと感じるのは、〝ドメイン・コンセンサス〟が異常に強い事実である。これは頑固な農家にいる、無能な親父の態度にも似ている。「オレはコメが作りたいんだ。コメだ。コメじゃないと嫌なんだ」と言って、絶対に動かない。世間での需要がコメ（もの）ではなく野菜（サービス）になろうと、まだコメだと言い張る。「コメじゃ飯が食えない。雇っている人をどうするのか」という話になっても、まだコメだと言い張る。この頑強さは明らかにおかしく、異常だ。こうして現業への固執がすぎると、時代の変化に乗り遅れ、やがて大リストラが始まる。コピーで困ってしまったミノルタは合併し、リストラを繰り返した。リコーでは裁判が延々と続く労働争議が起こった。しかし、なぜ90年代からサービスの側に行かなかったのか、非常に疑問だ。今でこそサービスの開発に熱心なメーカーも出てきているが、20年は対応が遅い。20年も決断が遅れるというのは、経営の世界では0点どころかマイナスである。

日本を代表するようなハイレベルな企業ですら、この程度の経営レベルだと知ると残念である。確かに「日本がどうこうじゃないんだよ。世界の経営レベルが上がったんだ」という指摘は当たっていると思う。わたしも90年代当時に製造業がサービスへの移行にゲンバが抵抗を示したのは、本音では一時のポーズだと観察していた。しかしまさか20年、本当に動かないとは思わなかった。日本には、まともな経営者がいない。

海外の方に目を向けてみよう。計測器が主業だった米国ヒューレット・パッカードはコンパックを買収してIT企業へ変貌し、今ではPC／産業用サーバー／コピー機を作っている世界最大級の企業だ。サービス業のグーグルもスマホを作るようになった。アマゾンもキンドルや会話ロボットを作った。WEB企業がソーラーエネルギーに手を出し、自動運転に手を出す。IT企業でも配車サービスや民泊に手を出す。市場の境界を越える越境行為なんて、世界レベルの企業ではなんでもない日常的な光景にすぎない。一方の日本企業は解雇をしないくせに閉じこもろうとする矛盾した行動を取り続けている。「解雇して閉じこもるか、解雇せずに広げるか」でないと、市場が変化した時に賃金を維持できないと思うのだが。

批判しているわたしとしてもこれでは仕事がなくなってしまうし、実際に減少したと思う。日本企業は進化せず、課題を消化しないまま止まってしまうため、ビジネスの機会が減ってゆくからだ。製造業が素直にサービス業に手を出してくれれば、こちらもずっとサービスの増築で支援できた。しかし、煮詰まって余剰人員をリストラされても、当方としては手伝う余地が無いのである。「頼みますよ。いい加減に経営レベルを上げてくださいよ」と願うばかりだ。

ミドル層が新規事業を好む理由

次に、部長、課長のレベルに話をブレークダウンしよう。このクラスもまた、残念な見識で動いている。企業によっては部長クラスはそうでもないが、課長クラスまでに顕著な傾向として、異様に新規事業を好む習性がある。ここには、「なぜ新規事業なのか」「なぜ、今新規事業なのか」という二つの疑問がある。

そもそも新規事業と言ってやまないのは日本企業特有の話で、正しくは成長戦略と言う。世界の企業は成長戦略を期別に運用しており、新規事業に固執していない。成長戦略の中にはM&A／市場開発／新商品開発／普及戦略／提携／販路多角化／事業基盤強化など様々な項目があり、新規事業だけが手段ではなく、トータルで考えればよい。しかしなぜか、日本企業はこの中の一部である新規事業を切り出して熱望してくる。しかも、これまで説明してきた通り、大企業が新規事業に手を出そうにも、マーケットの側の難易度が上がっているのだから勝算が高いようにも見えない。なのに、今でも言ってくる。

長年の疑問であったが長く営業をやって、ようやく分かったことがある。大企業の課長は、要するに、「市場に拾えるカネが落ちてないか？」と外部の業者に訊いているのである。新規事業の作り方にも様々な方法があるが、マーケット・アプローチで市場を探せば、ゴロっと需要が転がっていて、それを拾うと美味しい思いができるのではないか、という浅はかな思惑を打診している。

さらに気がついたのだが、今の大企業の管理職は、一度も新規事業をやったことが無いのだ。古くはバブルが終わった後から、最近ではリーマン・ショックの２００８年以降まで、大企業は内需に対する投資を段階的に削減してきたため、新規事業をやったことが無い社員が主流を占めるようになった。実戦で戦った経験が無いなら、兵士としては厳しい。彼らはひ弱で、有意義な会話に乏しい。そして、先に述べた「市場に拾えるカネは落ちてない？」という情けない会話に行き着いてしまうのである。

ここから先の見解はその相手が大企業か、ベンチャーかによって分かれる。新規事業にチャレンジするのは良いことだと思うが、やるならせめて引き分け以上に持ってゆく方が良いと思うからだ。

大企業は「自社の強み」で勝負しよう

大企業で新規事業を探す動きは、まだ続くだろう。もしこの砂漠のような逆境下でも新規事業を創造したいのであれば、考え方を二つ変える必要がある。

ひとつ目に変えるべきは、「スキマを探すのをやめる。自分たちの強みを考える」という少し難しい発想の転換である。ビジネスは常にスキマを探し、侵入し、根を張ろうとするもので、それはそれで正しい。しかし問題は、日本の大多数の市場は既に縮小か砂漠化が進んでおり、収益の得られるスキマらしきものを見つけるのが困難になっている点である。この際に拠り所となるのが、自社の強みだ。

例えばだが、我々はＬＩＮＥが登場する４年前、あるメディア企業において、ブログに関して次のようなトレンド分析をしていた。

「①消費者の間で行われるコミュニケーションは、クローズドに向かう。②消費者の書く文章は、短くなる」

これは後から考えると、ＬＩＮＥそのものだった。たった2行ではあるが、後の巨大ビジネス、LINEは想定上はこうして仮説化されていた。しかし、時のクライアントはこのビジネスをモノにできなかった。今でも覚えているが、当時の担当者の一言は、「それは面白い仮説ですね」であり、この一言でLINEの予言は簡単にスルーされてしまった。彼が反応できなかったのは、自社の強みとこのアイデアの間に、近い関係の何かを感じなかったからだ。

一方のネイバーはゲームも含めてネットビジネスの実績があり、「米スタンフォード大学の論文をみんなで読んだりして、人間関係をベースにしたアクションを徹底的にリサーチした」（日経ビジネス『LINE開発前夜、振り切った「決断」』2016年）といった基礎的な研究からアプローチしていたようだ。つまり、我々とネイバーは双方とも似たトレンドを発見していながら、その価値を評価する能力も、ユーザビリティの構築や短期のシステム開発能力も含めて、ネイバーの方に強みがあったから事業化に結びついた。

これと同様のケースは、市場のスキマがないにも関わらず、強引にスケルトン筐体を持つPCを使ってアップルを復活させたスティーブ・ジョブズ氏の復活劇にも当てはまる。強みを取り戻した瞬間に、アップルはスキマ探しから脱して立ち直っていったのだ。

これらの事例は端的な例ではあるが、新規事業のために市場のスキマを幾ら探しても、あまり意味がないことを示している。市場縮小期のスキマ探しに意味はないのだから、商品やサービスの世代交代に合わせて自社の強みで押しまくるのが正しい。常に市場にスキマがあるとは限らないが、次世代商品と市場トレンドは確実に存在するからである。

社外パートナーとの連携を進めよう

もうひとつ変えるべき発想は、オープン・イノベーションの活用、つまり、ベンチャーや社外パートナーとの連携である。傾向として日本企業はオープン・イノベーションの率先を苦手とするが（後述）、その活用にも規模の大小がある。例えば、小さな話としても、フリーコンサルの市場から調達する形で、他業界の経験者を新商品の開発プロジェクトに入れることはできる。市場調査の段階で実行支援のパートナーを見つけるのも有効だろう。

より進んだ手法として、ベンチャーと提携したり、共に新商品を考えることもできる。

現代は、自社の持つ要素だけで新商品の組み立てが利く保証はない時代になっている。市場が縮小しているからこそ、自社で全てを揃える方向の投資が難しいからだ。部分的に他社が作った付加価値を取り入れないと、商品開発のスピードレースに追いつけない時代に入っているとも言えよう。経営学の教科書によれば、「自社か、外注か」という問題は時代とともに揺れるといわれるが、特にシリコンバレーを中心とした現代ベンチャーの活力を侮ることはできず、大企業は外に門戸を開かねばならない圧力が生じている。実際、億単位のカネを投じて、シリコンバレーから情報を取る日本企業も既に登場している。

あなたの会社を変革する時が来た

残念だが重要なのは、ほとんどの企業は市場の縮小に晒されるという事実だ。つまり、競合企業同士でひたすら殴り合う時代が来る。なぜなら財政破綻は商機として逆張りになるから、ベンチャーにとっては有利になる機会かもしれないが、多くの企業は旧来のビジネスの延長をそのまま進むしかなく、その先にあるのは市場の縮小だからである。つまり、砂漠に出てゆく以前の話として、自らのホームグラウンドの縮小と戦うしかない。

１０４ページのグラフに示すのは、人口予測のグラフをビジュアルに表現したものである。ここで注目すべきは、現役世代の減少スピードが高齢者の増加を上回って速いことだ。これは大規模な移民政策を実行しない限り、避けられない。しかし、ＥＵでも大論争になっている大規模な移民政策に、日本人が賛成する可能性は小さい。だから現役世代の減少とともに、市場の縮小が止まらなくなる。従って、これからの時代に求められるのは、「市場防衛」「業界再編」「社内の変革」である（4章で後述する）。

そろそろビジネスのマインドを変える時だと思う。「市場に拾えるカネは落ちていないか？」と期待し、戦略立案の技術を使ってパッと成果を出すような時代は、もう終わった。新規事業の重心はベンチャーの側に移り、コストを下げるタイプの高生産性ビジネスの側へ移動してゆくから、既存の大企業が追えるものにはならない。だから消去法で、これから長く同業者同士で殴り合いを続ける時代がやってくる。

これからの時代はリーダーのあなたが社内をまとめ、変革を本当に実現し、ゲンバが変わらなくてはならない。これまで20年先送りしてきた課題を解決する時期が到来しており、これ以上の先送りは難しい。また課題を先に送れば衰退が待ち受け、その時は課題を先に克服した企業が市場の残存者になっているだろう。つまり、各社にいる全てのリーダー層が生き残る時代は、もうすぐ終わる。リーダー層もまた、互いの蹴落とし合いからは逃げられない。日本企業における個々の経営の真価が、問われてくるのではないだろうか。

ベンチャーは大企業の弱点を突け

今度は視点を変えて、ベンチャーの側から眺めてみよう。時期として、大企業のシェアを削る良い機会である。大企業は社内が停滞し、高齢化が進み、機動的に動く力が弱っている。財政破綻と経済の砂漠化は不確実性を高め、ベンチャーでしか意思決定できない困難な案件が増える。大企業が〝ゆでガエル〟であるということは、体力が弱っているということだ。財政破綻の直後は、終戦後のベンチャー成長と似た環境になる可能性もある。破綻を待つといっても最長で10年もないのだから、大企業が衰退する時期に賭ける価値は

●日本の人口動態

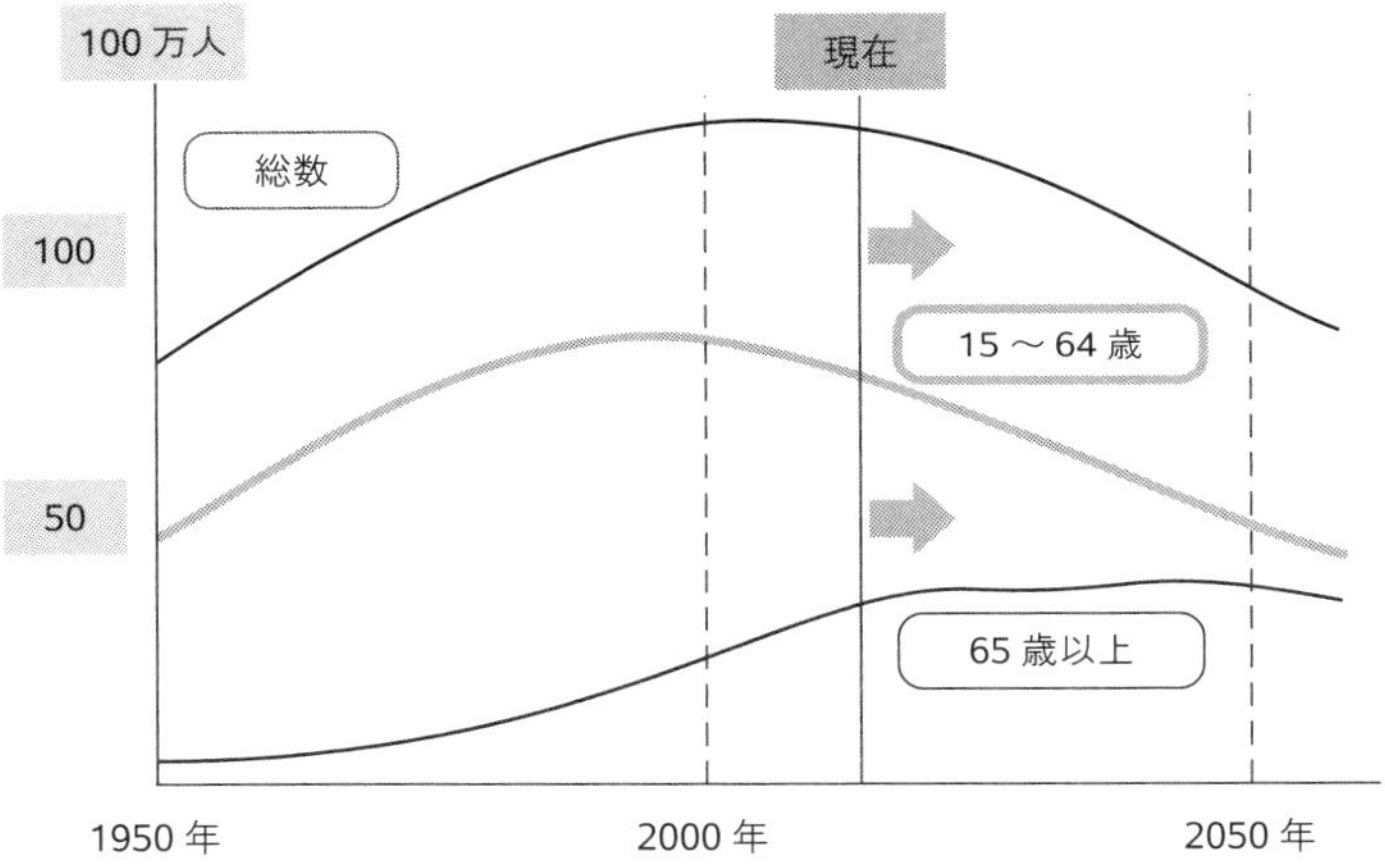

ある。特に低価格で攻撃してしまえば、大企業は動けない。

ヘルスケアや家庭用品に関しては、大企業の製品、サービスの一段下の価格帯を狙う攻勢が効く。今はまだ品質やブランドが優先されているかもしれないが、財政が破綻すればそんなことはどうでも良くなる。病院も、高齢者も、現役世代も、みなノンブランドの低価格品に手を出す時代が到来するからだ。特に従来の医療体制、あるいは消費が不可能になる後を狙う戦略は効果的である。病院にいる医師と看護師は、やがて地域に出てくるだろう。検査機器は低価格化し、よりポータブルになるだろう。セルフメディケーションが多くなり、健康は自己責任で考える時代が来る。

労働市場も狙い目である。多くの日本企業は今後、従来型の日本型雇用を維持できない。これまで日本では労働市場変革が先送りされ、変革圧力のマグマが溜まっている。変革が一気に始まる可能性も残っており、期待する価値はあるかもしれない。縮小均衡が続く中で、生産性を上げるためのアウトソース／ＢＰＯ／解雇支援／派遣ビジネス／ＡＩなど、多くのソリューションが入れ替わるだろう。

地域の変容を待ち伏せる手もある。地方経済は持たないから、僻地から各種の供給が遮断され、中核の市に需要が集中してくる。例えば病院の数は減るが、残った病院の稼働率は上がるので、その病院の前にある調剤薬局とコンビニは儲かるはずだ。これと同様の原理から、各所の商圏に影響が及ぶ。

すると、需要が集中する立地やサービスも出てくるだろうから、それを探す。地域に生存可能なカーディーラー／クリーニング店／美容室／カフェ／外食チェーン／飲み屋などは、現在と同じ数でもないし、同じ要求でもない。将来を見越して想像力を働かせれば、新しい事業の仮説が出てくるかもしれない。

例えば、あるベンチャーの事業開発室長は「空いた駅前商店街の物件に入れるビジネスを探している」と話していたが、この着眼は正しい。今はどうせガラ空きだが、昔はそれでも飯が食えた。つまり、立地としてのポテンシャルは残っているのである。そこに入るのは、確かに小売店はもうダメかもしれないが、新しいコンセプトのネットカフェ／飲み屋／整骨院／ペットショップ／美容サロンならば、アリかもしれない。

日本でオープン・イノベーションが進まない理由

オープン・イノベーションと称する、大企業とベンチャーの協業が期待されている。どちらから見るかによって見え方が変わるが、ひとつの手法になる可能性がある。ただし、日本企業の場合は良好なコラボレーションの成立はそう多くなく、条件が付くだろう。

日本の大企業に顕著な弱点は、ベンチャーと下請けの違いが分からないことだ。「従来の下請けは、社長も社員も高齢化しているからもう要らない。新しい利用価値のある若い下請けが欲しい」という下らない担当者、大企業が多すぎるのである。例えば、システムインテグレーターの世界では未だに、「ウチの名刺を使うなら組んでいい」といった下請法違反まがいの傲慢な態度だが、こんな奇習は日本にしかない。

この異様な上下関係の押し付けは、海外にいる優秀なベンチャーには通用しないし、国内の起業家が考えるベンチャー像にも合致していない。今どき下請けで喜ぶほど、自己実現には飢えていない。そこまでして起業するほど、下請けは美味しくもない。食うに困った層がやっている零細企業なら幾らでも下請けにできるだろうが、優秀なベンチャーはそういうお安い相手ではない。

●オープン・イノベーション（OI）の状況

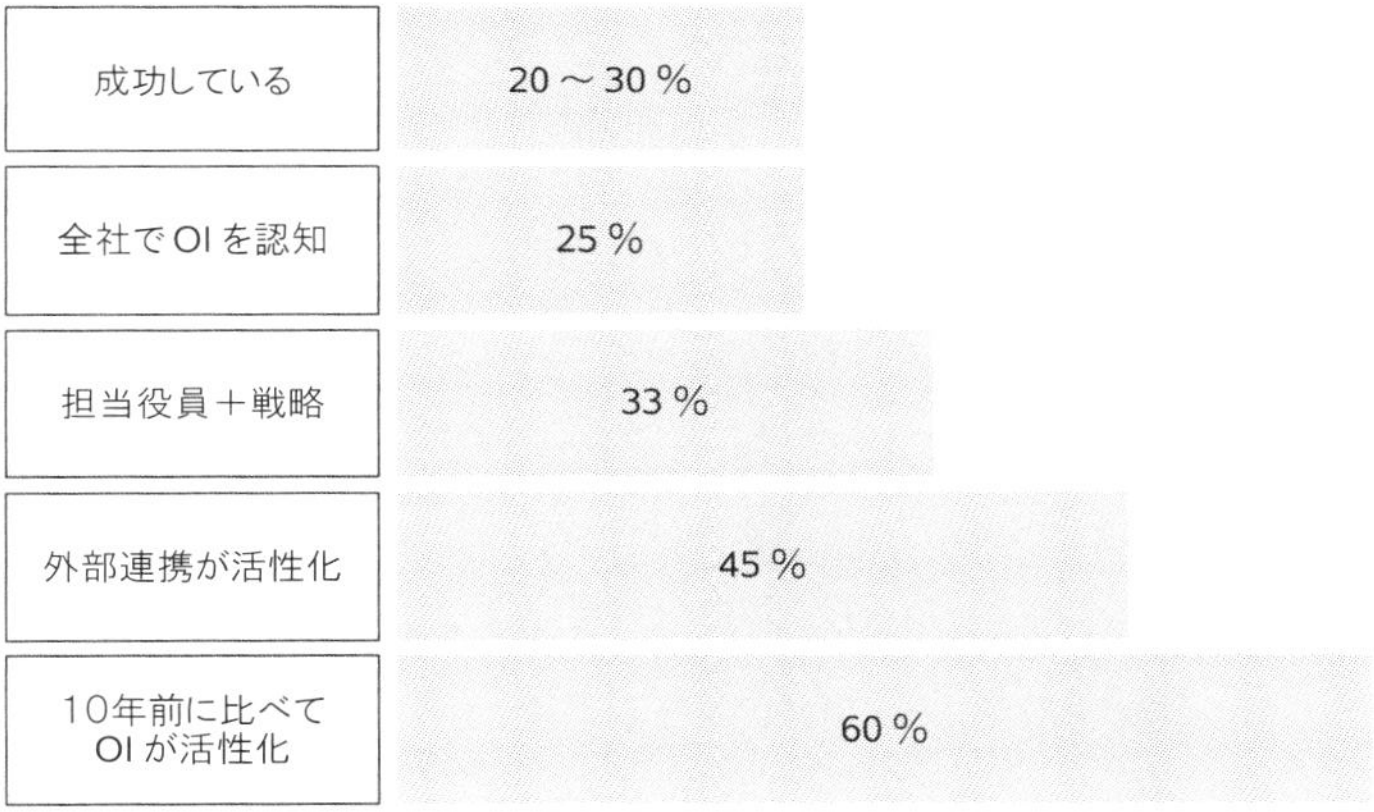

NEDO　2016

表面的には下請け探しでないとしても、いざ知財の交渉になったらどうせ本性が出る。この点において、大多数の大企業はオープン・イノベーションには向いていない。なぜなら現在使っている「○○情報システム」「○○金属」といったただの下請けとベンチャーの扱いが異なると、社内が混乱するからである。

実際、ＮＥＤＯ（国立研究開発法人新エネルギー・産業技術総合開発機構）が２０１６年に調べた結果によれば、全体的に、あまりオープン・イノベーションは上手く行っていない。上の図のように、そもそも半分の企業は見込みがない。残り半分の企業のうちでもさらに半分に減って、１／４の成功率になる。それなりに努力や工夫をしないと、成果を得ることはできない。

ベンチャーの側も、下請け探しをしている大企業は見切った方が良い。下請けの世界にも戦略論は存在し、「市場が伸びている間は、下請けが肯定される」が正解だからである。日本にはもう成長市場があまりない。だから上請けとして大企業を戦略的に利用する価値は減じている。例えば、テレビが伸びている時期にテレビ制作会社をやるのは合理的で、儲かるビジネスだった。しかし視聴率が下がっている現在、テレビ制作に参入するのは間抜けでしかない。ところが残念なことに、日本の大多数の産業はテレビ業界と同じような下り坂なのである。下請けに手を出しても、その見返りがない時代が到来している。

ベンチャーと大企業は対等である

オープン・イノベーションは、仮に立場が対等でなくても双方にリスペクトが必要である。グーグルに買収されるベンチャーは、買収されて光栄だと考えているし、グーグルの側も下請けだとは思っていない。だから中高年だらけで停滞している大企業とはM&Aの性質が違う。買収されたところで、活力のない中高年と働きたいベンチャーの創業者やスタッフはいない。要するに買収後に、そこで働きたくないのだ。

実際に日本のベンチャーは大企業に買収されるよりも、マザーズに上場する方に行きやすい。上場といっても今では調達額が1~2億円程度の小粒な企業でも上場できるようになっているから、上場という手続きを踏んだ中小企業が増えているだけである。様々な損得勘定があるとは思うが、1~2億円なら銀行から借りれば良い程度の話にすぎないのだから、なぜ経費を掛けてまで上場するのか分からない。マザーズに上場している企業の大多数は「永遠の中小企業」から上のラインに行けるとは思えない程度の企業が大半であり、日本の経済社会全体がダウンサイジングしているように見える。

日本において、ベンチャーと大企業との間でも、不愉快な上下関係が少ない形で付き合いができる産業は、そう多くない。ネット/ゲーム、意外なところでは戦略コンサルはダメだがHRソリューション、提携相手の企業がたまたま旧ベンチャーだった、など、狭い範囲でしか成り立たないのが日本の現実である。日米で圧倒的な差が付いたベンチャー市場の創造能力は、下請けという下らない商慣行が障害になったからだ。

「ベンチャーがベンチャーを生む」というサイクルもリクルート/サイバーエージェント等で見られるが、オールドエコノミーの方がGDPに占めるシェアが圧倒的に高いため、既存の産業が不毛な下請け関係を好むようでは発展しないだろう。突き詰めれば下請けの問題は、日本型経営に行き着く。上請けが不況期に発注を切ることで雇用を保護しようという思惑から下請けの需要が発生するからだ。日本型経営と下請けはセットであり、相互に切り離せない。従って、日本に優秀なベンチャー市場が創生できる見込みは乏しい。

ベンチャーの側にアドバイスがあるとしたら、大企業に売却できる事業を作り、販売することをお勧めしたい。ただし、これは純粋なベンチャーと言うよりは売却狙いだから、売却の際に離反しない社員を集めておくことだ。日本の大企業は新規事業の創造能力が乏しく、政治的にも停滞し、膠着している。だから新規事業の別働隊としてビジネス・シーズを作り、同時に競合する大手を複数相手に入札を実施する。大企業はこの入札を通じて「勝者の呪い」に引っ掛かるかもしれない。これは入札価格が高騰し、販売側が大きな利益を手にする商機である。実際に数多くの人材系ビジネス／ネットビジネスでは高値でビジネスが売却されてきた。

これからの時代にできることとして、例えば、SI大手向けにニッチ・ソリューションのサービス会社を作って売却する。ネット企業／通信会社／法人サービス業向けに小さなWEBサービスを作る。人材系企業向けに、小粒でも儲かる研修会社を作るなどの方法がある。より大きな商機を狙うなら、日本企業は無視してグローバル企業に声を掛けた方が良いだろう。下手に下請け呼ばわりされても、将来の発展がないからだ。

時代の変化は、大きなビジネスチャンス

ベンチャー／起業を狙うなら商機は無くもないと思う。変動期は、成長期の次に商機の

多い時代である。一番しんどかったのはインターネットを除いてここ20年、経済全体が何の動きも無く停滞したことだった。ベンチャー／起業の暗黒時代は少し長引きそうだが、それが終わる可能性に期待してはいかがだろうか。幕末よりも明治維新後の方が、時代が明るかったのと同じで、今は夜明け前の、一番暗い時なのかもしれない。

起業家の側から見れば、時代はもうすぐ変わるのだから、チャンスがある。財政破綻が来れば受身のまま慌てて対処する企業が多いだろうが、その陰で大儲けしている新種の業者も出てくるだろう。これからの時代は、いろいろな意味で興味深いのではないだろうか。

第2章まとめ

1.
財政破綻時に破綻するのは、自治体であって企業ではない。だから現役世代にはあまり関係がない。
○破綻後には行政サービスが縮小し、何もかもが無くなってゆく。

2.
財政破綻後のビジネスは「経済砂漠の拡大」に等しく、扱いが難しい。
○領域ごとに「成長・縮小市場の混在」が増えており、事業開発が難しくなっている。
○今後、減るものはカネの掛かるものばかりである。増えるものは逆に、カネを掛けない方向のものばかりである。

3.
財政破綻をビジネスとして狙うには、逆張りの意思決定が必要になるため、通常の成長ビジネスよりも遥かに難しい。
○これからのリスクある投資は、ベンチャーでないと決断できない可能性がある。

4.
大企業、あるいは旧い中堅企業の側でも、新規事業を実行する力が弱まっている。

5. この20年で日本企業の経営レベルは上がらないどころか、むしろ劣化した。
○日本企業は、従来のやり方の外に出ようとすると課題消化能力が異様に低い。

6. 大企業は、市場縮小期のスキマ探しをやめ、商品やサービスの世代交代に合わせて自社の強みで押しまくるのが正しい。

7. ベンチャーは、低価格で攻撃してしまえば、大企業に勝てるかもしれない。
○あるいは、大企業に売却できる事業を作り、販売することをお勧めしたい。

第3章

日本型経営は解体されるのか？働き方改革のシナリオ分析

生産性向上ブームの勝者は、意外なところにいるかもしれない。

見解が二分する日本型経営の未来

「この国の未来に賭ける」とは言っても、大多数の読者は日本企業に勤めていると思う。そして、その働き方／キャリア／人生設計は重大だ。例えば、下がり続けてきた賃金の影響を受けていない人はほとんどいない。あるいは派遣労働／高齢者雇用も含めて、雇用形態は多くの人の関心事になっている。

同時に、労働分野には課題が山積しており、現在進んでいる働き方改革も含めて流動的な要素がある。従って、今後の日本の労働がどう変わるのかを提示するシナリオ分析があれば、それは多くの人にとって参考になると思う。労働市場は国家経済の未来を占うと同時に、個人の人生への影響が大きい。

しかし、日頃からシナリオ分析を手掛ける業者の立場から見て、雇用／日本型経営ほど扱いが難しいものはない。なぜなら日本型経営に対しては、昔から専門家の間で大きく意見が割れてきたからである。すなわち、日本型経営は続くのか／終わるのか、だ。そこで両者の見解を①日本型経営は変われない説と、②日本型経営は終わる説に分けて紹介し、その後、現在進んでいる働き方改革に関する分析を提示しよう。

①日本型経営は変われない説

当社では、2013年に日本型経営の動向を分析している。それによって理解できたのは、日本型経営は意外なほどしぶとく、日本人のDNAと直結しているという事実であった。

左の表に示すものは主要な戦略／運営において日本型／欧米型の経営を比較するものだが、多くの点で日本型経営は欧米のそれらとは異なる。この表は当社が使っている技術データベースから日本企業特有の傾向として見出せるものを列記したもので、学術的な裏づけがある。ゆえに、指摘に間違いはない。日本型経営と言うと人事の方法に特徴を見出すことが多いが、実際には広範囲に違いが及んでおり、事業の根幹を成す戦略にまで違いがある。よく言われる日本型経営のコアは「3種の神器」といわれる。「企業別組合」「終

	欧米的パラダイム	日本的パラダイム
戦略	外界への適応を志向	組織の強化を志向
	トップダウン	ボトムアップ
	起業的・変革的戦略論	漸次的学習戦略
	イノベーション経営	コアコンピタンス経営
	規模拡大戦略を好む	複製戦略を好む
	市場・技術リーダーを志向	製品リーダーを志向
	刷新と忘却	予定調和と経験主義
企業グループ	組合せ型	備蓄型
	ポートフォリオ管理	コングロマリット・ディスカウント
	売却かスピンアウト	売らずに過剰な干渉
	100％株主の子会社	関係の薄い関連会社
企業間関係	水平協業	垂直統合と下請け
	都度提携	ケイレツ内で囲い込み
	ヨコ請け	下請け
事業と商品の開発	戦略＋マーケットイン	プロダクトアウト
	戦略に忠実	差別化に偏向
	少数に絞る	商品過多
	モジュール型	すり合わせ型
	提携容認	自前主義
	ブランドで価格を維持	価格設定にこだわり弱い
	機会の獲得を志向	差別化と住み分けを志向
	KPIを管理	品質を過剰に管理
	戦略から考案	理想法から離れられない

身雇用」「年功制」がその3つだが、そんなに簡単な話ではないことも分かる。戦略、企業グループの運営／企業間関係／事業運営の中身まで全て違うのだから、これは〝均衡点〟あるいは〝系〟として、日本型経営が欧米のそれとは根底から違うことを意味する。

中心にあるのは「甘えの構造」

最も奇異に感じられるのは、日本型経営には思想もドクトリンもないにも関わらず、日本の382万社（2014年）と言われる企業の隅々にまで浸透している事実だ。日本型経営には経典が存在しない。新自由主義には経典としてミルトン・フリードマンの論文があるが、日本型経営に関しては誰もその名を言えない。教祖も開祖も存在しない。つまり、誰も定義していない、誰も布教していないのに日本中の企業はみな日本型経営で運営されている。

これは完全に異様な事態だと形容して良いだろう。まるで示し合わせたように、大多数の日本企業に日本型経営が当てはまっているからだ。

何が日本型経営の分岐点なのかという点については、事業開発の視点から見ると単純で、要するに「事業目的が雇用（日本）」か、「事業目的が利益（欧米）」である。

分類すれば中韓印も欧米に近いから、世界の標準は利益主体の経営である。しかし、な

●「甘えの構造」に基づく雇用慣行

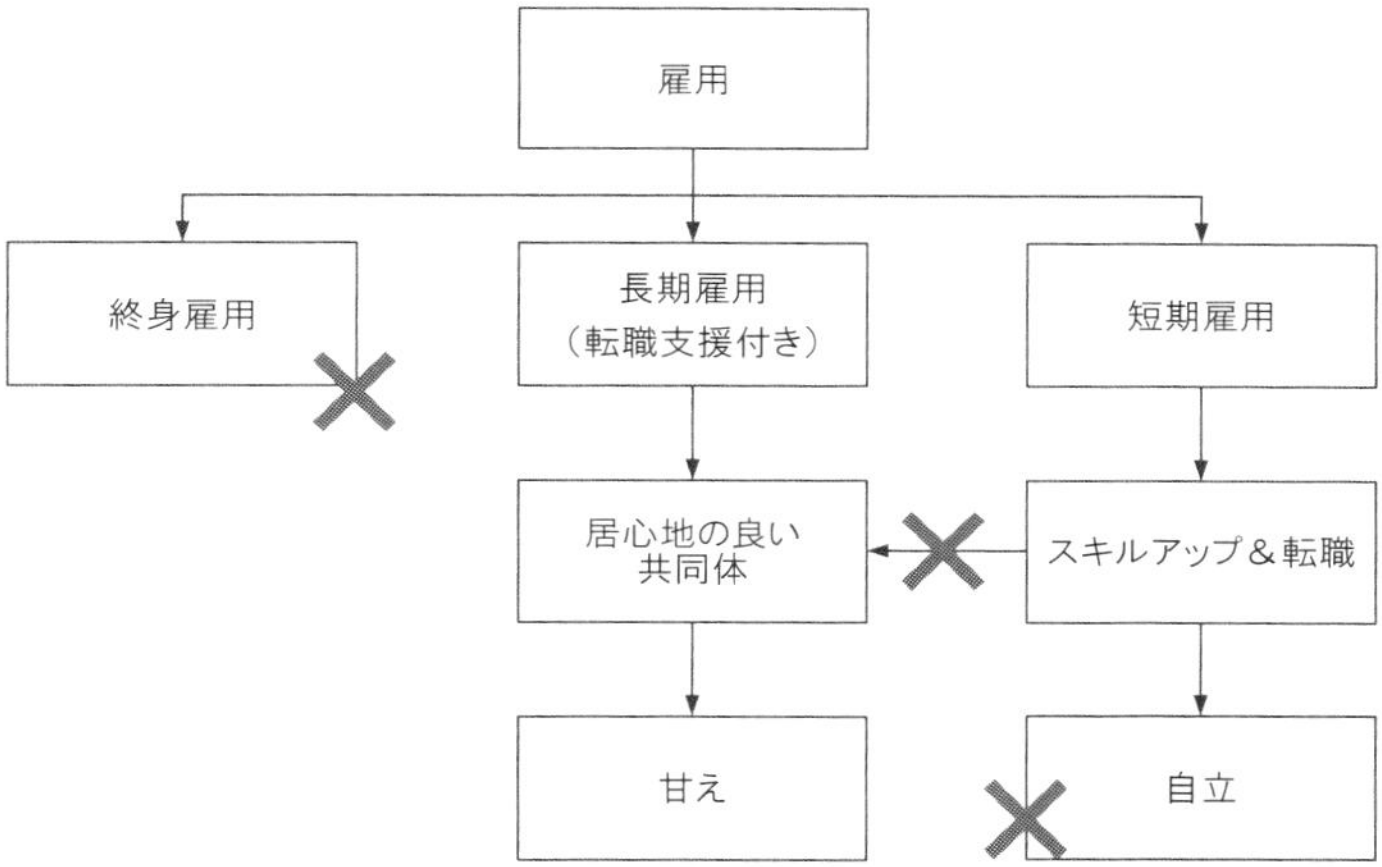

ぜか日本人はほとんど病的なまでに雇用を守ろうと固執し、徹底的に解雇に抵抗する。どうして労使揃ってここまで雇用に執着するのかよく分からないが、雇用維持への執念が非常に強い。

このように、経典がないのに徹底して実行される雇用偏重経営。その原型は、日本人のＤＮＡにある。思想で無く体質で動くからには、ＤＮＡの発露がなければ実践できないからだ。そして、その中枢部には、日本人が好む雇用をコアとした「甘え」がある。

日本人の多くは終身雇用ではないとしても、会社に居続ける形で「甘え合いたい」。上図のように仮に20代で就職して、55歳でグループ企業に追い出されたとしても、それなら生涯45年の労働期間での転職回数は1回で済むうえに、古巣には転職の世話まで焼いてもらえる。その後は高年齢者雇用安定法の下に隠れて、65歳、将来的には70歳まで保護してもらうのが理想だ。

この方法なら40年以上、「アップ・オア・アウト」の恐怖に悩まされることも、四半期ごとの解雇に怯える必要もない。これは質的な意味で、国外の労働市場とは根本から違う。日本人の本質が「甘え」にあることは1950年代に学術的に結論付けられ、1971年に『甘えの構造』が発表された頃から、既に明らかだった。それから60年経った今も、日本人は日本の文化を頑なに守っているとも言えるし、20年以上にわたる「キャリアアップ論」「新自由主義」「グローバル経営」のトレンドを頑強に無視し続けている。

日本企業の正体は「ムラ」

もうひとつ、日本企業が根幹に抱える本質的な問題とは、日本企業の正体が「ムラ（共同体）」である点にある。世界の標準的な経営スタイルである外資企業では、命令は上意下達が原則であり、ヒエラルキーの上下は明確に定まっている。軍隊に似た命令系統で動き、解雇も実施される。特に米系企業に顕著なこととして、「嫌なら辞めろ」が通る世界なので、もし変革が必要な際に抵抗すれば解雇される。リーダーには応分の実力、カリスマ性が問われるが、社内の抵抗運動を心配する必要はなく、むしろ逆に、リーダーには全社を引っ張る強い統率力が求められる。つまり、外資企業が変革において社内の抵抗運動を気にする必要がないのは、もとから軍隊式の組織を作っているからだ。

しかし、日本企業は経営とゲンバの境界線が曖昧で、経営サイドに緩く経営チームが構成され、ゲンバにはゲンバのチームが緩く連合している。命令は上意下達でないが、代わりにゲンバは常に抵抗できるため、改革が難しい。経営者らしいプロ経営者もいなければ、強いリーダーもおらず、中高年に不要人員が生じてもクビは切らない。この様相は企業ではなく、ムラである。具体的に指摘すれば、リーマン・ショック後に日本企業は賃下げで解雇を防いだが、経営判断として間違っている。現代では市場が縮小しているのだから、「一時的な賃下げで耐えて好況を待つ」という意思決定はありえない。従って、村長として「ムラを守る」という意思決定ならば肯定できるかもしれないが、企業経営としておかしい。このように日本型経営の運用実態は企業という概念で説明が付かない一方、ムラという定義を当てはめると、ことごとく説明が可能になることが多い。（次頁の図および表参照）

これらの事実は、日本企業だけが世界でも奇異な習性をもつ「株式共同体」であることの証左である。日本企業によく見られるのは、「成長時には企業。下降期にはムラ」というご都合主義で、企業らしい主張を発信するのは伸びている間だけで、下降期に解雇する気はないから、後に言動が変節する経営者が多い。

●日本企業は「ムラ」

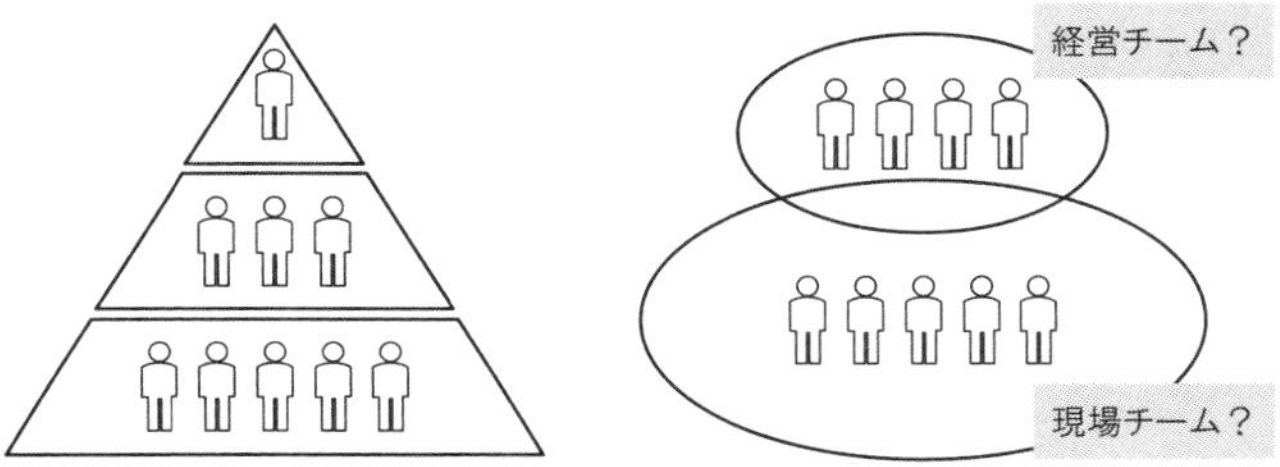

【企業】
・上位下達
・士気が高い／アーミー
・経営者／リーダーがいる
・嫌なら解雇

【ムラ】
・経営と現場が曖昧
・士気が低い／馴れ合い
・経営者／リーダーはいない
・不要人員を切らない

●「ムラ」と企業の違い

	共同体のパラダイム	企業のパラダイム
会社とは何か	ムラ （＝「ウチの」会社）	カネを稼ぐ機関
望ましい社員	新卒からの住民	プロフェッショナル
転職者	新参者から徐々に定住	より優れた即戦力を招聘
評価指標	長時間労働（忠誠心）	成果
欲しいもの	雇用と安定	利益と報酬
受益者	社員	株主と経営者

要するに、日本人は2500年以上も稲作を続けているうちにDNAを稲作に合わせてしまった。そして21世紀になってもなお、近代経営という枠組みの中で自分たちにとって居心地の良いムラを作り出し、甘え合い、資本主義経済の競争下でもまだムラを維持しようと共同体を再生産し、強化しているのである。ムラの外に対しては警戒感が強く、なぜか若手中途採用者の給料が前職よりも低いという、異常な中途採用を行う。それは、ムラに〝入村〟して、再びゼロから積み上げたという通過儀礼になるからだろうが、こんな奇習は海外ではまず考えられない。そして組織の側がゆでガエルになり、社員は賃下げになり、ミドル層が腐敗し、停滞しきって居心地が悪くなろうとも、誰もそこからどかない。

〝ゆでガエル〟の正体

こうした傾向をもつ日本企業の経営において問われるのは、「労使一体」の実現である。高度成長期にこれが可能だったのは、労使の利害が一致したからであった。高度成長期のビジネスは不況期よりも簡単だから、経営の負荷が今よりも小さかった。さらに昇進の機会が多かったため、社員は不満を表明するよりも業務に集中した方が良かった。当時は大卒が少ないこともあって昇進は簡単であり、賃金も順調に増えていた。

しかし、市場縮小が始まると全てが逆向きに作用する。現在では昇進確率が最盛期の半

●日本企業で進む「ゆでガエル」

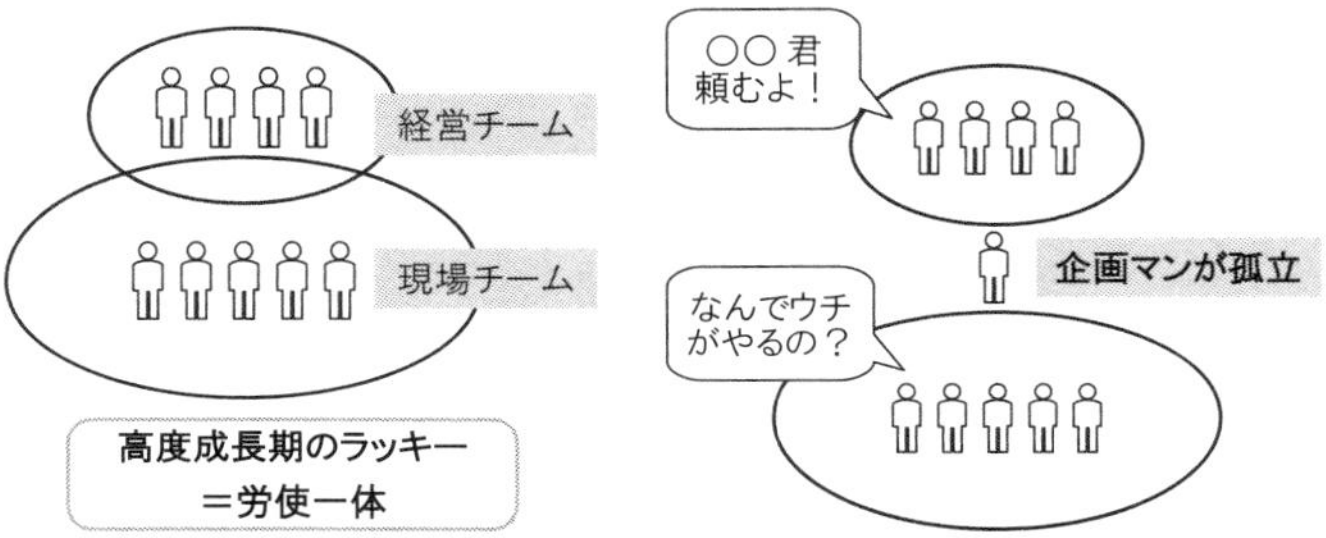

【高度成長期：労使一体】
・成長期のビジネスはカンタン
・トレードオフがない
・文句よりも利得の方が多かった
・先輩が少なく、昇進は楽勝だった

【現代：現場が敵】
・現場に文句が多い（→昇進なし）
・トレードオフが分からない
・「トクするなら乗る」という打算
・論評家／社内野党が活躍

分以下に低下しているから、働く意欲が弱くなってしまった。ゆえに閉塞した状況になると、経営とゲンバの間にある思惑が離れ始める。経営者は中間にいる企画マンに調整を期待するが、重いゲンバは彼に因縁を付けて動かない。結果的に企画マンは孤立し、脱却しようのない停滞が日常になり、やがて何も起こらなくなる。ここで経営者に代わって活躍するのが、社内野党と社内評論家だ。この集大成こそがゆでガエルの正体であり、この状態を20年以上続けるうちに、日本は没落していった（上の図参照）。

　最終的に〝ゆでガエル〟に至った経緯はとにかく、この説明によれば「日本人は、日本型経営を止められない」という見解になる。経営方針ではなくDNAの問題だからであり、そもそも日本人が企業ではなく、ムラを運営しているからである。

次に、これとは逆の側にある日本型経営・終焉説を見てみよう。

②日本型経営は終わる説

日本型経営の弱点については過去に議論されてきた経緯があるので、その結論から入ろう。以下は、当社が２０１３年にまとめた日本型経営の総括である。

◎経営の視点

①年功賃金は機能しなくなっている。コスパが悪く、どの企業も維持できないだろう。

②社歴の長い社員は不要。現代ではＩＴに情報が溜まり、労働もある程度自動化できる。

③「独自のノウハウ」は過去に価値を持ったが、現代では次第に要らなくなっている。

◎国・投資家の視点

④長期雇用では会社がタコツボ化し、似た人材ばかりで発想が枯渇し、企業が活力を失う。

⑤社内に抵抗勢力が増え、イノベーションが阻害される。特に高齢化の害が大きい。

⑥組織は弱い上司を選出し、リーダーが現れない。社長は新卒以来の仲間を解雇できない。
⑦ウチ向きな社畜を増やす。このような弱い人材は転職できず、会社への忠誠心にすがる。

◎労働者の視点
⑧昇進を焦る中高年が腐敗し、手柄の横取りやパワハラ等に暴走する。
⑨長時間労働で会社に取り入ろうと、労働効率が悪い（＝過去に成果主義を拒否した経緯）。
⑩正社員が利権を守ろうと、不利益を下請け／非正社員に押しつけて社会が貧困化した。
⑪高齢社員を過剰に保護すると、新卒の抑制、あるいは賃金の低下をもたらす。

このように労働者、経営者、投資家の視点から見て、日本型経営は全て望ましくない。実際に、日本型経営は見事に失敗してきた。この20年、世界の経営が進化してゆく中、日本は取り残されてきたからである。

これは日本経済が退潮したひとつの例にすぎないが、ベンチャーへの投資額を見ても米国は７・２兆円／中国が４・９兆円／欧州が１・４兆円／インド８０００億円／イスラエル２６００億円に対して、日本は桁違いで最下位の、８００億円にすぎない（２０１６年）。

トップの米国に比べて90分の1。自分たちよりも格下だろうと甘く見てきた中国に比べても60分の1の完敗である。仮にも素晴らしい市場と経営、テクノロジーがあれば、こんな惨状にはなっていない。

逆になぜこうなるかと言うと、日本型経営がベンチャー投資の障害になっているからである。その筆頭に挙げられるものとして、リスクのあるベンチャーにおいて容易に解雇ができない法律と雇用慣行は、決定的な不利を招く事実がある。

次に提示する類の事実を、ほとんどの日本人が知らないだろう——アマゾン社員の平均的な勤続年数（中位数）は1年／IBM6・4年／HP5・2年／インテル4・3年／マイクロソフト4・0年／ウォルマート3・3年／ヤフー2・4年／イーベイ1・9年／グーグル1・1年——これだけ条件が違う中で、世界でベンチャー同士の商戦をしように も戦いようがない。向こうはポンポン人材を入れ替えて勝負してくる中、日本ではじっと同じ社員を抱えたまま経営するしかないのだから、その不利は明らかだ。そもそもエリートがあまり転職しない日本では、まともな人材を揃えるだけでも苦労する。

他にも理由は数多いが、いずれにせよ投資家が見限った結果、日本は世界のベンチャー市場の中で相手にされない不毛地帯になった。今や国内大手企業の新規事業担当者はシリコンバレー巡りをしてベンチャーを探す時代になっているが、これが世界第二位だったGDPの国の大企業のやることだろうか。要するに、ホームグラウンドがボロボロだから、外に出るしかなくなったのである。

すっかり貧乏になった日本に、まとまった数の富裕層は既にいない。それは世界の富豪ランキングを見れば確認できるだろう。日本にはシリコンバレーもない。ドイツのような時短ライフもない。家族優先で、仕事がその次である英国にも経済指標で負けている。気楽に生きるのがモットーのイタリアにすら生産性で劣る。イスラエルの中小企業はシリコンバレーと協業し始めているが、日本にそんなベンチャーはない。これらの事実は、経営システムとしての完敗を意味している。少し考えてみれば分かるが、日本のＧＤＰは他国が倍増する中で微増もできなかった。財政は破綻にまで追い込まれ、子どもを産むのに躊躇するほど状況が悪化している。これでもまだ日本型経営を擁護するのであれば、少し頭がおかしい。不都合な現実かもしれないが、現状の日本型経営は経営システムとして完全に負けた。これはもう、認めるしかなかろう。

苦境を脱するべく働き方改革が始まった

国の経済は、大量の企業で構成されるプロ・リーグのようなもので、米国には最強のリーグがあると言えるだろう。サッカーで言えば、スペインや英国のようなものだ。このリーグという見方をすると、日本市場は主要国で最弱であり、近年最も成績が悪い。

この元凶が日本型経営であることは、明らかである。要するに、雇用を目的としてビジネスをやっても競争力／生産性が低く、国全体で衰退が続く。世界で競争すると、勝てないことも分かってきた。日本製品の世界シェアは、徐々に低下しているからである。内需拡大や生産性向上にも寄与していない。政府の税収／個人生活の面でもメリットがない。

ここで登場するのが、働き方改革である。専門家の大多数は日本型経営に対して否定的であり、今でも肯定しているのは左派の労働経済学者くらいだろう。日本型経営に肯定的だった経済同友会でさえ、２０１７年になって転向宣言を出している。

労働市場改革には少なからず日本型経営からの脱却が織り込まれているが、これは経済専門家の総意とまでは言わずとも、平均的な認識であると言ってよい。働き方改革はこれまでの手詰まりを打破し、日本型経営から脱却するための国民運動として企図されている。では、さっそく働き方改革に関する分析を見てみよう。ここには、非常に不思議な展開が待っている。

生産性と時給の概念は似ている

現在進められている「働き方改革」とは、大雑把にいえば、生産性の向上を目的としている。生産性を上げる過程において邪魔になるのが日本型経営だから、日本型経営を解体

●生産性の定義と向上策

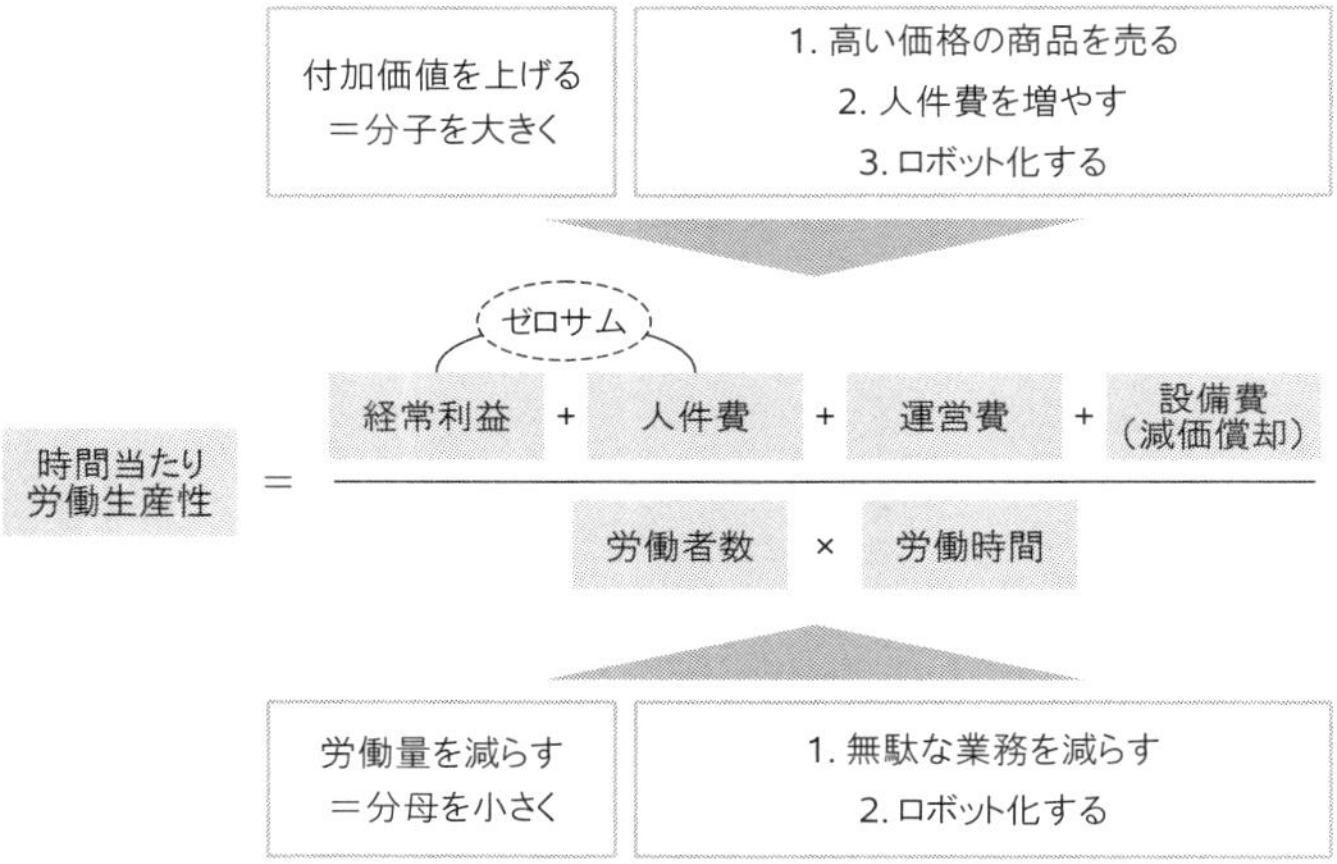

するのだ。高齢化社会では、企業の高い生産性が重要になるからである。

　この「生産性」には勘違いが多いので、先に説明しておきたい。生産性は図表にある通り、「付加価値÷労働量」で定義される。ここで言う付加価値は「利益＋人件費＋運営費＋設備費」の４つから構成されるから、人件費はコストではない。
間違えやすいポイントだが、人件費は「創出される富」だから、給料が多い方が生産性が高い。労賃はコストでなく、パートさん自身が欲しい付加価値なのだから、話が逆だ。分子に来る「労働」の量は減らすべきだが、「人件費（給料）」は多い方が良く、これは「時給が高い」ということと同じである。だから時給の高いエリートは生産性が高く、時給の安い派遣労働者とパートは生産性が低い。生産性の世界では、高い時給が実現されることが重要なのである。

この構図で考えると、数式にある通り付加価値を上げ（分子を増やす）、労働量を減らせばいい（分母を小さく）のだから、対策となるメニューは見えている。

☑付加価値を上げる（分子を大きく）→高価格の商品を売る&人件費を増やす／ロボット化する

☑労働量を減らす（分母を小さく）→無駄な業務を減らす／ロボット化する

もし人件費を上げれば、普通は利益が減る。利益と人件費はゼロサム（食い合い）の関係にあるからだ。（右頁の図参照）

従って、生産性を大きくしたければ高い売価でサービスとモノを売るしかない。だから実際に高生産性の職種は決まっており、高い専門性を要するM&A仲介／金融トレーダー／コンサル／医師／一昔前の弁護士／派遣エンジニア／治験サービスなど、高額でサービス料を取れる領域に集中している。逆に、介護／小売／運輸などでは非正規労働者が多いので、なかなか生産性が上がらない。

国別に見ても、ルクセンブルクは欧州を代表する金融センターだから、金融機関の高い時給に釣られて生産性ランキングが世界1位になっている。逆にメキシコの生産性が低いのは、家族経営の小企業が多いからである。

ここで、さらに生産性を上げたければ、ロボットを使って労働者の頭数を切る。つまり、人がやるべきは「高い時給」を取れる頭脳労働の業務に集中し、高い時給の取れない肉体労働の領域はロボットに任せた方が良いということだ。

高齢化と人口減少で注目される生産性

生産性を向上させねばならない理由の背景には、高齢化と人口減少の問題がある。

高齢化は、生産性を引き下げるネガティブな性質を持つ。介護／小売／飲食などで高齢者の顧客が増えれば、デフレがひどくなるからだ。年金生活者は支出をケチるため、商品が徹底的に買い叩かれる。例えば、国内旅行のパッケージツアーの大多数は採算スレスレだが、これは主要な顧客である高齢者の金銭感覚が相当にシビアだからだ。こうして高齢化が進めば進むほど儲からなくなり、それでも食っていくために働く人の時給を下げる。こうして、老人の低所得に合わせる形で、徐々に生産性が下がってゆく。

また、企業の側を見ても、高齢化とともに企業の生産性が下がる。政府が高齢者の雇用を義務付けたせいもあるが、企業は高齢だからといって見放すことはない。給与は5～7

割は下がるが、雇用はするという話になるので、これは生産性を下げる方向に働く。おそらく「現役世代は最高の生産性で働きましょう。その高い生産性で、低い生産性の高齢者を養いましょう」と政府は言いたいのだろうが、そんなに上手く行くだろうか。もちろん、実際にそうならないと、日本経済はもう回らないが。

しかし、そのスタート地点は低い。労働時間当たりGDPを見ると、日本は2015年39・5米ドルと主要7カ国で最下位である。最下位から最高位までの上昇が求められる滅茶苦茶に無理筋な状況だが、そこで、政府の働き方改革が登場するという訳だ。

本書では以下、働き方改革における主要な3トピック、①時短　②労働時間の柔軟化　③同一労働同一賃金について点検し、その効果を評価してみよう。

「時短」では企業の生産性は上がらない

まず、①時短である。政府が見せてきた時短という投げ玉には、長時間労働を規制するというネガの排除と、生産性を上げるというポジの要素が混ざっている。だが、両者は最初から同じ問題ではないところがややこしく、世間の混乱を招いている。「長時間労働を規制する」というネガを排除する点については、政府は労働基準に反しているブラック企業を取り締まるとともに、時間外労働について枠をはめてきた。統計上、この枠に抵触する働きすぎの労働者は1割程度いる。だから、働きすぎの層がいなくなる効果はある。ブラック企業が減る効果は期待され、女性や高齢者が働く上でもプラスに作用する。つまり、無理な長時間労働をなくし、ブラック企業を減らすという目的は正しく、政策効果もある。

問題は、生産性である。原理からして明らかだが、無駄な業務を切っても生産性はあまり上がらない。生産性と時短は、根本のところですれ違っているからだ。特に日本の場合、残業代と長時間労働はセットだから、無駄な業務を減らせば人件費も下がる。だから生産性の式において、「分子と分母の両方が小さくなる」という奇妙な現象が起こる。そのため時短をやっても生産性の向上に対するプラスの効果が小さい。

そもそも高い時給を取る話は、時短とは関係がない。無駄な作業を減らせば少し時給は上がるだろうが、3%上がっても意味は無い。時給1000円と時給2万円の業務は最初から違うのだから、無駄な業務に注目するのではなく、高い単価を取れる稼業に乗り換えるしかない。つまり、時短は生産性向上の一部に触れているにすぎず、企業に対する効果は期待できないのだ。

時短が実現する効用は、余暇が増えることによる消費の拡大と、子育ての可能性である。こちらの方がポジティブな影響であり、時短は企業よりも家庭に良い効用をもたらす。まず、時短が進むと仕事上の接待は減るが、消費の大部分の領域でプラスの影響がある。また、残業を断れば子育てに回せる時間が増えるため、少子化にプラスの影響がある。例えば、「休日に夫が家事育児を全くしない家庭では、2人目の子どもが生まれた割合が10%に満たないのに対して、6時間以上行う家庭の85%で第2子以降が生まれている」といったデータがある。つまり、時短は家庭の幸福のためのものであって、企業の生産性を上げるためのツールにはならない。

「労働時間の柔軟化」は家庭に優しい

次に、②労働時間の柔軟化について見てみよう。テレワークは1割程度の導入率であり、今後の導入意向は3割ある。導入済の企業では長時間労働というデメリットが出ており、通勤時間がなくなって育児・介護に時間を回せるかどうかは人による。

テレワークの効用は玉虫色であり、先行して大々的に導入した米国IBMやヤフーが運用を停止したのは、効用があまり無いことを証明している。業界では完全な自宅労働ではなく、サードプレイスと呼ばれる自宅に近い集会場のようなタイプのオフィスや、レンタルオフィスへのシフトが模索されているようだ。テレワークが主流になる可能性は低く、テレワークは業務の一部の持ち帰り業務であったり、近所にあるサテライト・オフィスに週何日か通う、といった中間的なスタイルに落ち着くように見える。

労働の柔軟性を場所、雇用契約、ルールで作ると、どうも日本人は働きすぎるようだ。また、労働時間の柔軟化は業務や企業によって効用が異なり、どの企業にとっても有効な手段にはならない。つまり、各企業は研究を深め、利活用が可能な領域を探し当てるが、政策として多くの企業に対して一律に適用するのは馴染まないところがある。従って、中長期的な国策の効果を期待するのは難しい。予想としては「(個々の企業は別として、国全体で見れば、)政策効果は小さい」という結論になる。

「同一労働同一賃金」は実現する?

さて、次は世間の関心も高い、③同一労働同一賃金である。

経産省傘下のシンクタンクによる実証では、限定正社員と正社員の間に、不当な賃金の格差はないという。むしろ限定正社員にはプロ型の職務が与えられており、労働時間が短いためにワーク・ライフ・バランスが保てる一方、月収はそれほど下がらない働き方である可能性がある。この傾向はパートや契約社員にも当てはまり、パートだからと言って企業が賃金を安く買い叩いている事実はなく、リーマン・ショック後に企業は雇用の調整弁にも使っていなかった。ここからは、この「賃金に不当な差別がない」という事実を踏まえつつ、同一労働同一賃金(政策)を点検してみよう。

実は、同一労働同一賃金の実現が可能だと考えている専門家は、ほとんどいない。その条件を満たせる仕組みがないからである。欧州で同一労働同一賃金が可能になったのは、企業をまたぐ業種別の組合があり、その組合が数多くの企業と同時に交渉するからである。しかし、日本には企業をまたぐ業種別の組合が存在しないばかりか、企業内組合を見ても、労使が中で癒着しているために交渉が成立しない。これでは同一賃金に関する基準を作れない。

日本では、もし個々の企業において賃金差別があるとするなら、個別に裁判をして正さねばならない。民主党政権下で決まった改正労働契約法20条を根拠とする、いわゆる「20条裁判」と呼ばれる賃金差別を正すための裁判が相次いでいるが、これに対して、裁判所は何度も消極的な判断を示してきた。企業は不当な労賃設定をしていないのだから、裁判所も同様の判断になるのは当然だろう。つまり、裁判所も賃金に関するスタンダードを提供する機関にはならない。日本では労組／裁判所／企業のどれを取っても、同一の基準を作る能力を持っていないのだ。

雇用契約の多様化は生産性を上げる？

興味深いのは、法律と裁判で非正規社員の賃金を引き上げるルートを民主党が用意した

●雇用契約の多様化

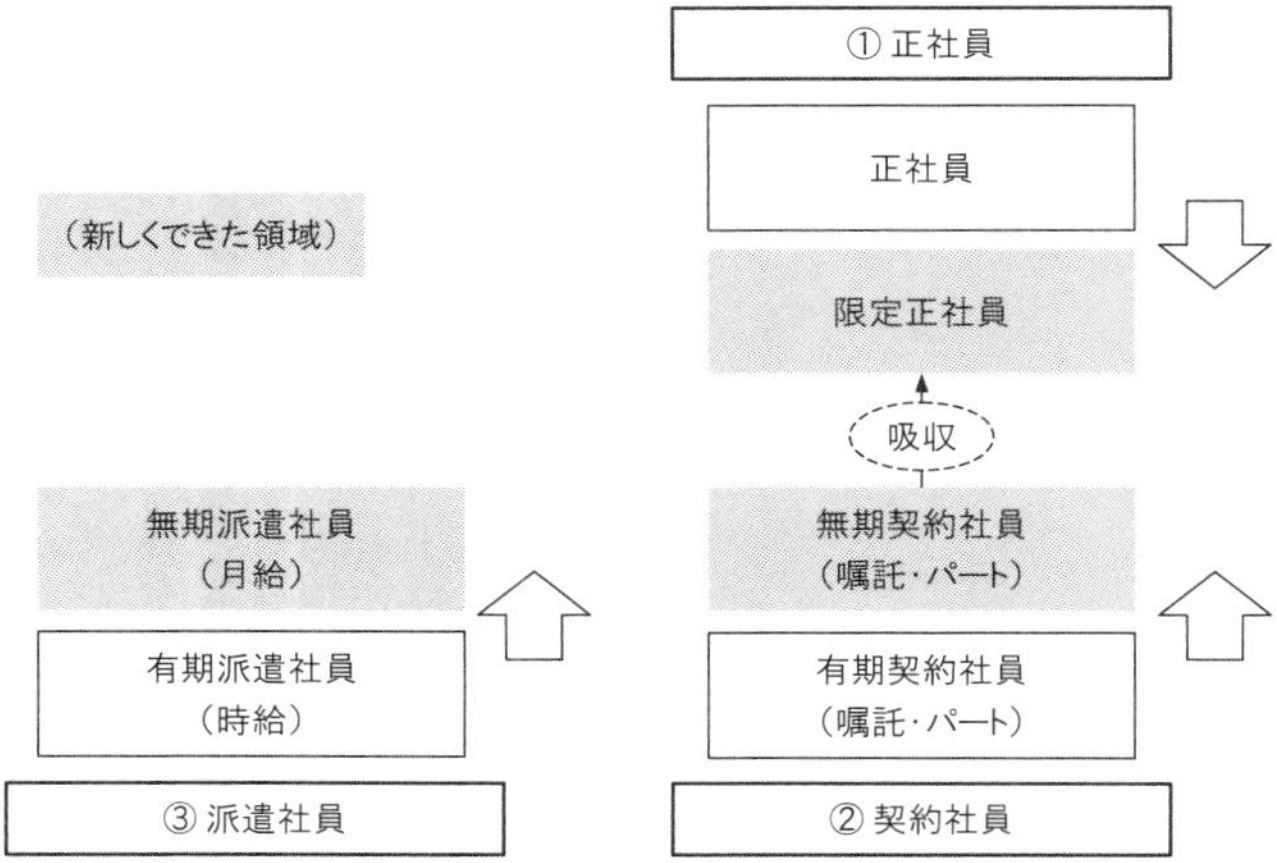

のに対して、自民党は全く違うルートを用意したことだろう。自民党が講じた対策は二つあり、正社員の側では「限定正社員」を用意し、非正社員の側では「無期転換」を用意した。簡単に言えば、正社員の側には限定正社員というダウングレード契約を作った。そして、非正規社員のためには、雇用期間の定めを無くした無期契約というアップグレード契約を作った。そして、そこから先は自由に契約してもらう仕組みに変えたのである。

　上の図にある灰色の領域は安倍内閣において新しくできた契約だが、正社員の側ではダウングレード化が、派遣社員／契約社員の側ではアップグレード化が進んでいることが分かる。政府としては、「限定正社員と無期契約社員はほぼ変わらないのだから、限定正社員として吸収してほしい」という筋書きだ。

このように非正社員に対して格差を小さくしようと考えた時に、自民党が使った手法は「多様な契約」を増やすことだった。こうして正規労働、非正規労働の両方の分野において、ノッチを細かく刻んだ等級を作り、正社員の下位と契約社員の上位の差を縮めてゆく。現在でも企業は正しく賃金をプライシングしており、不当な賃金差別はしていない。だとすると、多様な雇用契約を上手に使い分け、より精密に管理を行うだろう。

しかし、この手法が導入されても、やはり生産性は上がらない。パート労働者の需要が幾ら増えても生産性は上がらないうえに、雇用契約が有期から無期に変わったところで時給が上がる訳ではないからである。この影響で何が変わるかと言えば、雇用契約がより精密になり、きめ細かく賃金が管理されるだけだ。

安倍政権は「小さなメリット」を取る

ここまで働き方改革の主要な骨子、①時短　②労働時間の柔軟化　③同一労働同一賃金を点検してきた。まず、時短によって家庭には良い影響があり、この点では望ましい。しかし、そもそも生産性の向上と業務の効率化は話が違う。確かに無駄な業務をカットすれば効率は上がるが、その効用は企業ではなく家庭に及ぶということだ。その他のメニューは、生産性向上には効かない。つまり、政策として働き方改革を見た時、家庭には良い影響があるから政府の方針は正しいものの、産業政策としては不足がある。

これは安倍政権らしいポイントだが、いつものパターンとして「痛みを避けて、取れる小さなメリットを取る」という構造改革の半分を実践しているように見える。第二の矢まで（量的緩和＋財政出動）やるが、第三の矢（構造改革）はやらない。消費税は延期するが、財政緊縮はやらないのと同じである。無駄な業務をカットするのは痛みが小さいが、真に生産性改革を実現するなら、日本の産業界全てが敵に回り、激痛に近い痛みが生じる。この困難に、安倍内閣が挑めるとは思えない。

ＩＴ投資で生産性は上がるのか？

安倍内閣の働き方改革は、生産性の向上には足りない。では、本当に生産性を向上させようと考えると、何をすべきだろうか。ここからは多くの専門家が主張する、３つの仮説を取り上げよう。それは、①ＩＴ投資説　②職業教育説　③雇用流動説である。

まず、①ＩＴ投資で生産性を上げると考えてみよう。ＥＲＰ（Enterprise Resource Planning＝企業内の全ての業務を統合管理する仕組み）／業務ソフト／ＡＩ／ロボット化など、業務を効率化するアイデアは、生産性向上のための基本とも言える。しかし、産業全体で見た時、ＩＴ投資説の有効性は優良／不良セクターに分かれる。問題はＩＴ投資のための原資を生むためには、製造業のように規模が大きいか、ワーカーが普段から高給取りである必要がある点だ。例えば、小企業と大企業であれば、ＩＴ投資のケタが違うレベルで大企業が有利である。サービス業の場合、高級な弁護士事務所は高度な文書検索ＡＩを導入できるが、普段から損益スレスレの介護事業所や小売店がＡＩを導入できる可能性はない。こう考えてゆくと、規模が小さい、労働集約型のサービス業であるという二重苦のセクターではＩＴ投資が難しくなる。しかし矛盾しているのは、こういった不良セクターこそが、国全体の生産性の足を引っ張っている現実だ。最も投資が必要な領域に限って、投資が進まないのである。

ＩＴを通じた生産性向上は、非常に難しい。そもそも日本型経営は解雇を嫌うためにシステム投資に手を抜く傾向が以前からあった。大企業といえども、日本企業のＩＴ投資の生産性は必ずしも高くないのである。加えて、中小企業のＩＴ化はさらに難しい。おそらくこの結論は、ＩＴ投資に成功した大企業やサービス業者が、徐々に生産性の低い事業者を押し出す形で、徐々に市場が変容するのを待つしかないというものだ。実際に２０００年代に入ってから、大企業の内需シェアは徐々に増えている。つまり、ＩＴ投資は生産性向上を競争テーマとした、競争力として機能する。ゆえに中長期的な貢献はあるものの、国家全体の生産性が上がるには時間を要するだろう。

「職業教育説」が難しいわけ

次に、②職業教育説に注目してみよう。職業教育説は、生産性の低さを高いスキルで補うとする仮説である。しかし、日本企業の場合、この仮定には障害がある。

欧米では企業内研修ではなく、社外の大学で再教育を受ける国が多く、25歳以上の入学者の比率はＯＥＣＤ諸国平均で18・1%である一方、日本では1・9%しかない（2012年）。従って、社外教育を充実させ、企業がプロフェッショナル型の人材を積極的に育成し、活用していく必要がある。政府も2019年度から、実践的な職業教育を行う新たな高等教育機関として「専門職大学」「専門職短期大学」を創設し、55年ぶりに大学制度の改革を行うとしている。だから確かに時代が社外教育の方向に向かっている傾向はある。

しかし、その障害は費用負担だ。例えば、自費で2年制のＭＢＡに通うとすれば、それ以前の段階で高給取りでなければならず、教育修了後の復職時にも高給が用意されていないと難しい。無給の状態で大学院の費用を自己負担すれば、2年で1000万円を超えるからだ。日本企業のエリート層はゲンバと比べても給料が高くないうえに、20～30代のうちは必要以上に賃金が安く抑えつけられている。職業教育が求められる20代から40代に教育費用を自己負担できるかと言うと、疑問がある。逆に、企業が負担するＭＢＡ留学は、留学後に転職が相次いだことから停止されてしまった経緯があるから、企業は進んで個人に力を付けようとはしない。つまり、「プロだから高給↓プロだから自費留学↓プロだから再就職してさらに高給」という欧米型の好循環が存在しない中で、個人が投資に踏み切るのは難しい。逆に企業がこれをやろうとすると、優秀な人材に逃げられるという限界がある。

既に卵と鶏の関係に陥っているが、職業学校を作ったと仮定しても、企業が個人のスキルを評価し、それに報いる社会を作らねば意味がない。これは企業／学校／個人の三者が協調的に作り出すエコシステムだから、どれかひとつだけ整備しても全体は動かない。だとすると、効力を発揮するまでには10年単位で見なくてはならない。

解雇の代わりに賃下げが進む日本

最後に最も難しい、③雇用流動説を見てみよう。

企業では雇用の流動性が高まった方が、企業が活性化する。社員が固定的な企業の業績は低く、ある程度は人が入れ替わる企業の方が業績が良い。しかし、あまりにも人が入れ替わる企業は業績が落ちてくる。つまり、全く入れ替わらないのも、入れ替わり過ぎるの

●リーマン・ショック以降の賃金の動き

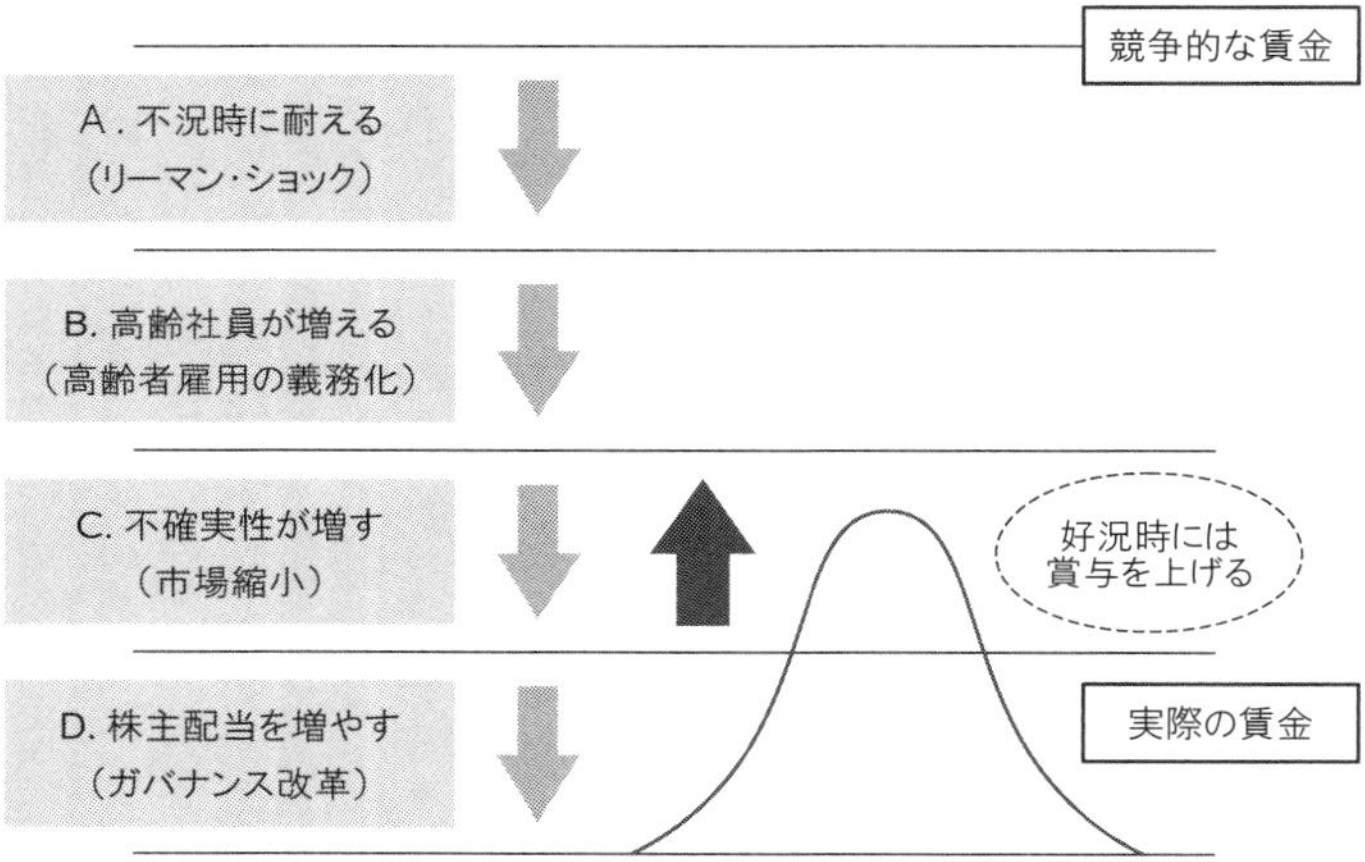

も良くない。これらは経済学で既に実証された事実であり、日本企業にも当てはまる。同時にこの話は、日本型経営の根幹に関わるテーマである。要するに、不要な中高年を解雇せずに、優秀な中途採用者と入れ替えないムラの体質が、低い生産性の元凶なのだ。これを正して生産性を上げようと考えるなら、日本型経営をやめるしかない。

だが、日本型経営は、やめられないだろう。その証拠がある。ここ10年の賃金と雇用のトレンドを確認すると、日本企業はより強固に、〝ムラ化〟を進めており、いっそう日本型経営を堅固なものに変えているからである。

まず、賃金のトレンドを振り返ってみよう。この10年、日本で起こった賃下げには、大きな特徴を見出せる。それは、「長期雇用保証料」の存在である。右ページ図のように、日本企業は段階的に賃金を引き下げてきた。リーマン・ショックの際には、解雇を避けるために賃金を下げた（A）。次に高齢化が進むと、高齢者の雇用のためにまた下げた（B）。社内の高齢者に賃金が回り、その分、全体の賃金が下がったからだ。高齢者といっても自社にいる高齢者の雇用延長だから、これは実質的に長期雇用の強化と同じだ。さらに市場縮小といった先行きの暗さによって、従業員と組合は将来の解雇に怯えるあまり、賃上げを要求しなくなった（C）。給料は安いのだから解雇にならないだろうという思惑だが、ある程度は正しい打算である。

こうして将来の雇用リストラに備え始め、長期の雇用保証が欲しいと願うほど、賃金が下がっていった。そこで企業は、好況の時には賞与で報いる形で報酬を変動費化しつつ、ベースの賃金水準を下げていった。日本の雇用契約は、「雇用は守る。だが、不況に備えて賃金は下げておく。景気の良い時は賞与で報いる」という、高齢の社員にとって好ましい生活保証パッケージに変貌したのである。

日本型経営は、むしろ強化されている

加えて、真のコア・エリアではむしろ日本型の雇用慣行が強まっている。実際に、解雇

／早期退職は、90年代から一貫して減っているからである。これはリーマン・ショック、震災、極端に景気が落ち込んだ間も続いており、日本企業は次第に雇用リストラをしなくなっているのだ。さらに、男性中高年社員に関して言えば、転職も退職も増えていない。25歳から44歳の層に至っては、好景気とも評される2014年以降でも転職が増えていない。増えているのは男性高年層（嘱託社員）／女性／非正社員といったノン・コア層である。この間、実際に何をやっていたかというと、残業代のカットと新卒の募集停止だから、コアメンバーを守る方向で対処してきた。要するに、男性中高年という本丸を守るために、周辺の労働力を盾にして、社内に立て籠もって抵抗してきた。変革しているのではなく、本丸を守るために周辺システムをせっせと更新しているのである。

正社員と限定正社員の地位が近づいている

さらに進んで、企業が人手不足にどう対処してきたかを振り返ってみよう。ここにもコアメンバーを守るために、できることを何でもやってきた事実がある。

ここ数年、人手不足感が強まってきたので、徐々にパートの賃金が上がり始めた。人手不足からパートの賃金が上がり、それ以上の条件を出そうとすると、限定正社員に格上げするしかない。従来のパートの条件では、応募する人材を集められないからである。そこで企業は、労働力を確保するために、パート労働者を限定正社員に切り替え始めた。

ここでパートの時給が上がる一方で、40代から50代男性社員の賃金は徐々に下がり、40代が役職者に占める割合も低下していった。さらに残業規制が増えて、残業代の支払いが減った。こうなると男性正社員の側で賃金を削って、限定正社員／高齢者の非正規社員の側に回している構図が浮かび上がってくる。グラフ（次頁上段）にあるように、賃金カーブの高い山を削った分を、パートから格上げした限定正社員／上昇したパートの賃金に回す。その結果、徐々に正社員と限定正社員の地位が近づいているのだ。

良からぬことに、この傾向は今後さらに加速する可能性がある。人手不足がさらに強まると予想されているからだ。将来的な労働力不足に関しては、足りる／足りないの双方の見解が専門家から出ているが、これを図示（次頁下段）すると、実際に足りるか足りないか、ちょうど微妙な線に落ち着くことが分かる。

２０２５年までの労働力の不足は４７０万人と予想されているが、その一方で、潜在失業率と呼ばれる、「都合が付けば働きたい」と考えている層は現在でも３８０万人いるとされるから、人手不足とともにパートの時給が上がれば、不足はほぼ埋まる。それでも埋められないとされる１００万人程度の枠は、全体の労働力から見れば１・８％にすぎず、少し労働時間を延ばしてしまえば、どうにかなる。徐々に増えている外国人労働者がこれに加われば、不足はより簡単に埋まる。ゆえに、今後の10年を乗り切るのは難しくない。

●近づく正社員／限定正社員の地位

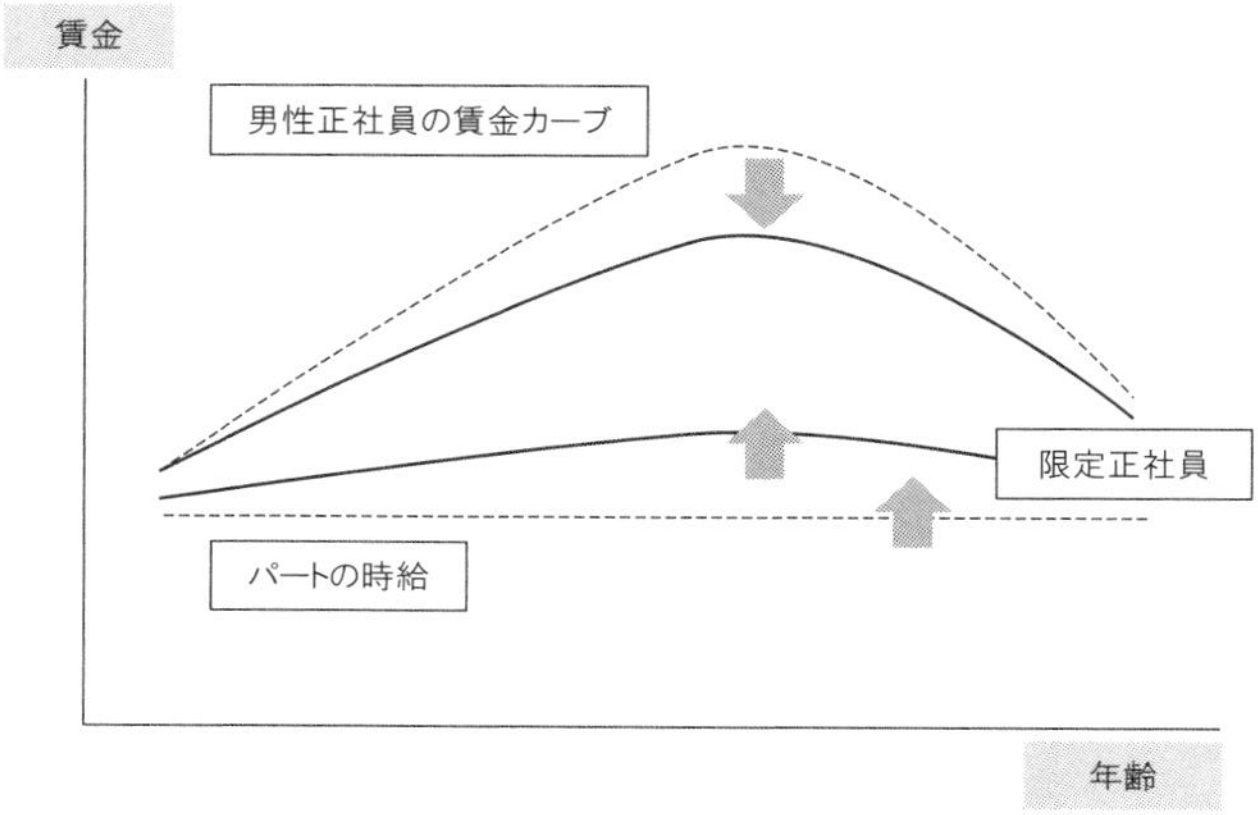

●労働力の概況（2016 vs.2025年）

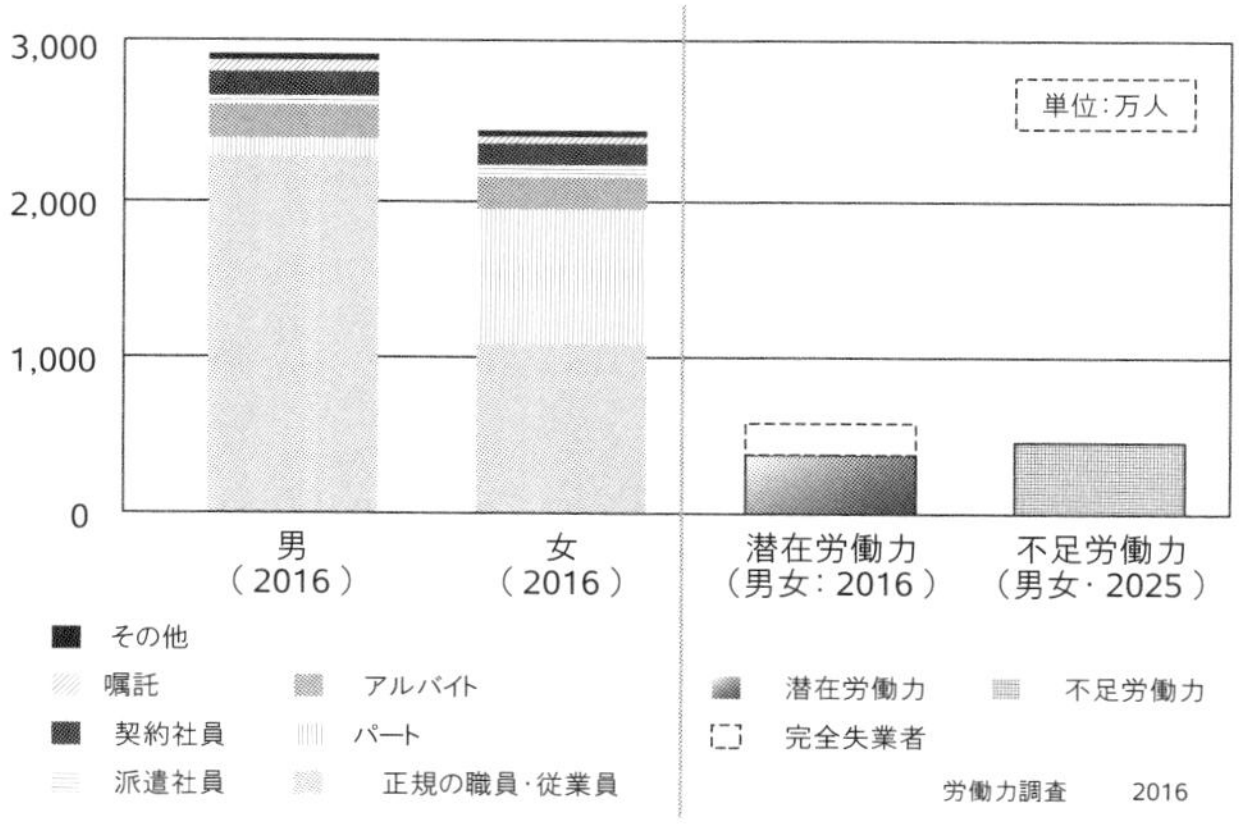

だが、女性と高齢者の労働参加はそれなりに進んでいるので、これ以上の劇的な増加は見込まれない。労働可能な人口の上限に近づいているからである。そうなると、非正社員の時給が上がり、正社員の地位はさらに限定正社員の側に近づいていくだろう。

「コアメンバーの雇用防衛」

これまでの話をまとめると、コアメンバーは保守化し、企業は解雇をしなくなり、転職も減り、以前よりもむしろ強固に社内に立て籠もるようになった。しかし、非正社員が使い放題でなくなると、賃金が足りなくなってくる。そこで、コアメンバーは賃金については妥協した。男性正社員の側で賃金を削って非正規社員に回す代わりに、雇用の本丸を守ったのだ。さらに同一賃金同一労働を目指す際に、本当の同一を目指すのではなく、正社員からパートに至る等級管理を細かくした。周辺の管理を精密にすることで、本丸を守るためだ――これらの仕組みが本丸の男性中高年社員を防衛するためのものだと理解するには、幾つかの質問があれば十分だろう。以下の質問の返答は、全てが「コアメンバーの雇用防衛」をその返答としているからである。

●質問1：「なぜ日本企業はメンバーシップ制をやめて、解雇に踏み切らないのか？」

●質問2：「なぜ日本企業は中途採用を行うと同時に、新卒採用を削減しないのか？」
●質問3：「なぜ日本企業は、正社員の解雇を減らしてきたのか？」
●質問4：「なぜ生産性を落としてまで、社員全体が高齢化しているのか？」
●質問5：「なぜ日本企業は、役職定年を導入しているのか？」
●質問6：「なぜ連合は同一労働同一賃金の実現に向けて、企業別組合を業種別組合に組み替えないのか？」

日本企業の過去の行動が抜本改革でないのは、明らかである。実際に企業／政府／組合がやっている制度改革は次ページの図のように古い管理、つまり、「ムラか、失業か」の二択から新しい管理、つまり、「多様な等級管理」への移行を意味している。コアメンバーの範囲は縮小しているのだが、しかし、コアの仕組みそのものは変えていない。これは専門家が考える、改革の方向性とは一致していない。

ビジネスの話題として、これほど建前と本音がずれる話も珍しい。企業はダイバーシティ／雇用流動性／オープン・イノベーションと建前では言いながら、実際には男性の中核層は昇進と賃上げを放棄してでも雇用に食らい付いてきた。日本企業のコアである男性中高年は、昇進の確率が下がろうと、昇進年齢が遅くなろうと、リーダーに誰も手を挙げなくなろうと、賃下げになろうと、今の会社にしがみついて現状を変えたくない。こんな

●多様化する雇用契約の形態

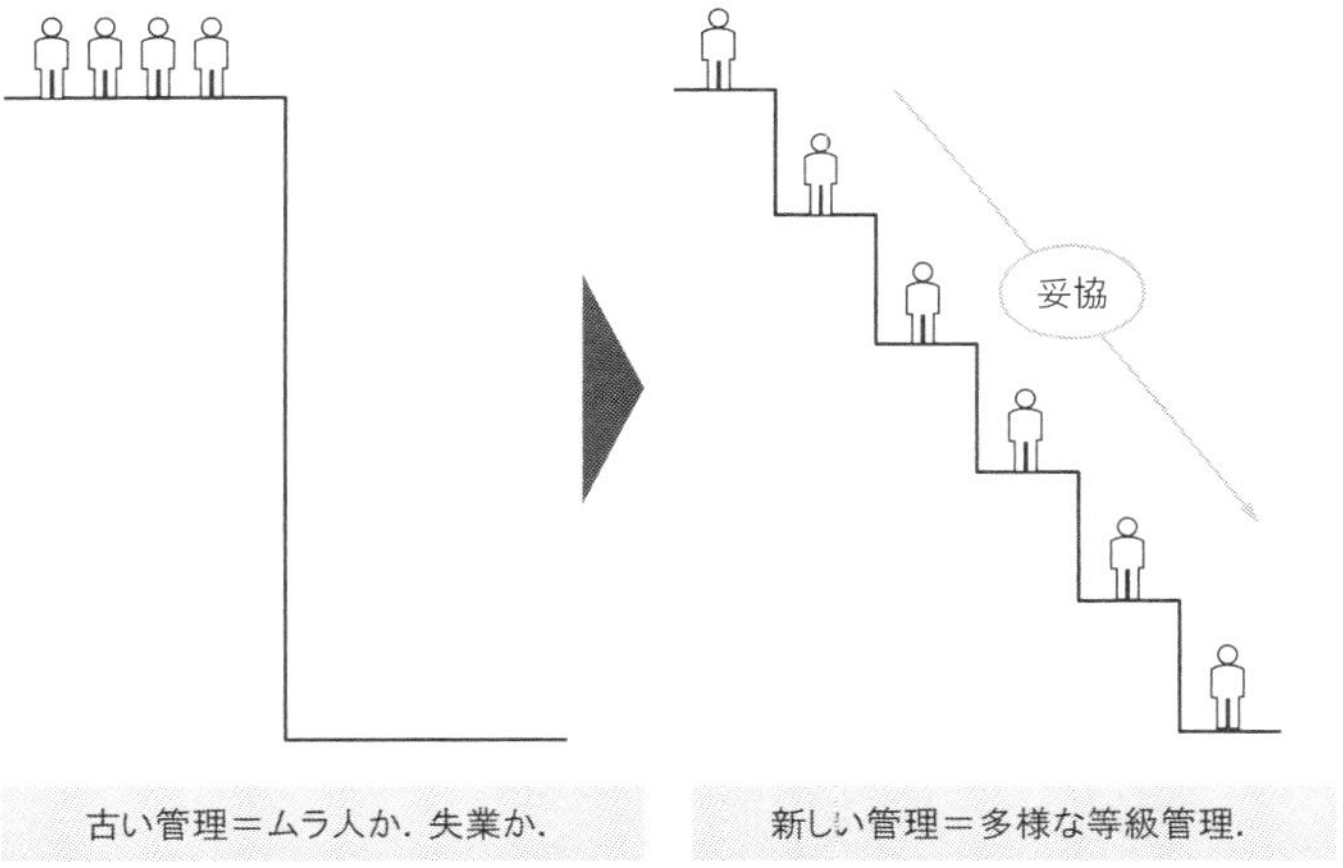

状態で労働移動に期待するのは難しい。

この正社員と非正社員の賃金が近接してゆく傾向は、生産性を下げる。生産性は時給の概念に近いから、非正社員が増えるほど、組織全体の時給は下がってゆくからである。この調子で正社員とパートの地位が近接してゆけば、現在よりも全体が貧しいラインに落ちてしまう恐れがある。この点は専門家も警告しており、今後の正社員の賃金はさらに下がるだろうと不吉な予測をしている。我々が恐れるべきは解雇ではなく、賃下げだ。

いずれにせよ、日本型経営の解体や撤退は簡単ではなく、エコシステム全体として見た時に改革の難易度が高いことが分かる。これでは現実を知れば知るほど、社内に立て籠るのが正しいということになってしまう。一企業のコアメンバーだけで、日本の社会全体を変えることはできないからだ。これらの難易度の高さが災いして、分析してきた生産性改革の見通しは、相当に厳しい。

個別の企業が持つ可能性

もちろん国全体は別として、個々の企業の未来が暗いとまでは言わない。個々の企業が全体の停滞から抜け出す可能性はある。政策の話は脇へ置いて、ここからは個別の企業が持つ可能性の方を考えてみよう。

実証的な研究から明らかなこととして、生産性が高い企業は優秀企業を指しており、こういった企業は「当たり前の合理化」を実践しているにすぎない。例えば、ＪＴは６万人いた社員に対して、退職勧奨をガンガン打って不要社員を処分し、１万人まで減らした。だから財務成績は極めて良好であり（＝生産性が高い）、世界市場でも強い。ここはわたしの古巣だから知っているのだが、要するに、ＪＴの上層部は思考が合理的なのだ。彼らは元大蔵省の官僚だったから頭脳明晰で、しかも、財務合理主義者だった。

キーエンスもまた、思考が合理的な企業であり、無駄なことはいっさいやらない。「どうして？」と問い続けて無駄な業務の全てを切り尽くし、高給を維持している。この傾向は外資企業にも当てはまる一方で、日本企業は人員を多く使い過ぎる傾向がある。例えば生産性が低いことで有名なシステムインテグレーターは、なぜか営業マンがいつも1名多い。当社が過去に行った業界インタビューでも、外資のベンダーに行けば1名のインタビューで時間もすぐ終わるのに、日本企業のベンダーは2名以上出てきて、しかも話が長く、焦点がぼけている。群れて仕事した気になっているようだが、密度が低く、思考も未熟だ。「給料が安くて当たり前」程度の仕事しかしていない。

生産性向上に関する事例を追えば分かるが、生産性の高さにとっておきの秘密はない。優秀企業は、当たり前の合理主義を貫徹しているだけなのである。平均的な日本企業の生産性の低さは、要するに、達成レベルの低さに甘えているからにすぎない。

例えば、これまで2名でやっていた営業マンが、もし「明日から、君一人でやりなさい」と言われて、日本企業ではどれだけの社員が付いて来られるだろうか？　――この一人一人の戦闘力の低さ、自立精神の未熟さ、研修が手薄な一方で、どうでもいい精神論に逃げている経営レベルの低さこそが、低い生産性の元凶なのである。

旧来型の企業がこんな調子だから、新しいベンチャーでは、旧来型の日本型経営を実践していない。これらの企業は、自然に日本型経営から脱却してゆくだろう。

こうして考えると、「新しい企業と、優秀な企業」が産業界の上や端から慣行を変えてゆくイメージになる。長い目で見れば、「古い会社と、優秀でない会社」が駆逐されて、徐々に追いやられる。つまり、変われない会社は長期的には消えれば良いという話になる。

AIの登場とともに業務が高度化している

企業全体での生産性とは少し違うものの、チームの生産性が上がるという見方はある。この背景には、ＡＩ／ＩｏＴの高度化を筆頭とした第四次産業革命の影響がある。これまでＡＩの登場による人の業務の代替率には長い議論があったが、タスク量ベースでは９％。日本に限って言えば７％だといい、この予測値には実感がある。このように仕事の量で見てしまえばＡＩの代替率は低いものの、その代替を除いた93％の領域では、ＡＩの影響で二つの圧力が加わるという。

●ＩＣＴを用いた業務の高度化を設計・実装する中級〜上級の高度専門家が必要とされる。

●人と直接対応する高品位サービスのオペレーターが求められる。

「ヒトでできることは人に。ロボットでできることはロボットに」と任せると、残る能力は高度な知的業務とハイタッチ・サービスだ。この文脈と一致するのが、厚労省のシンク

●高度化する専門性業務

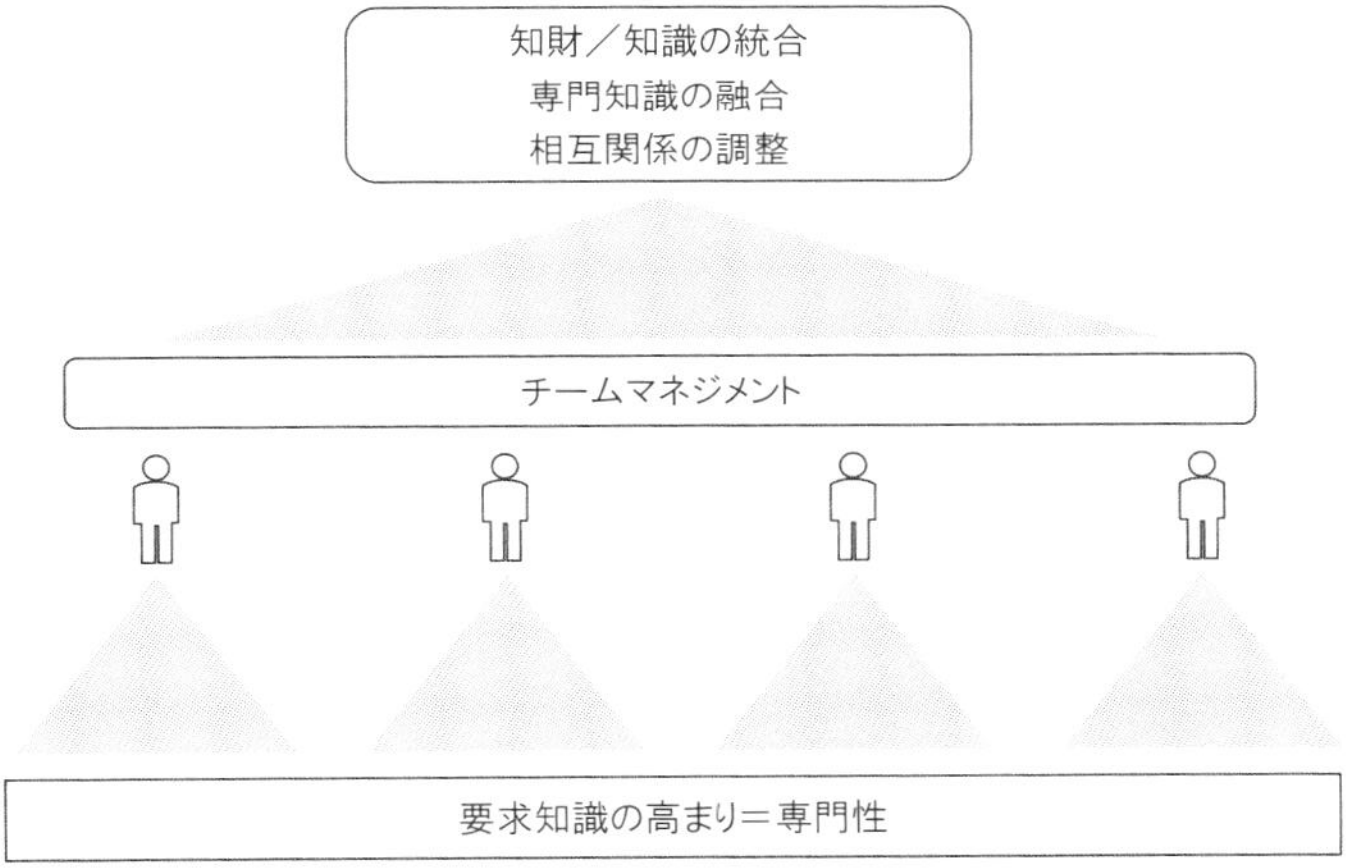

タンクが実施している大規模調査から得られる業務トレンドである。

現代の知的業務は高度化しており、専門性の高い人材の知識を統合する、チームマネジメントが重要になっているという。そのイメージを図示すれば、上の図のようにメンバーの各自には一定の専門性があるため、その相互の調整の巧拙が問われる時代になっている。これまで日本企業は専門家を育てるための仕組みを持ってこなかったが、市場の側が要求する専門性は高まっている。それに対応するには各自の専門性を高めつつ、統合するためのチームマネジメントを磨くしかないという見立てである。

日本型経営は想像以上に堅固

少し話がややこしくなってきたので、改めて日本型経営について整理してみよう。

①日本人は日本型経営を、簡単にはやめられないかもしれない（変われない説）。
②実際にここ10年で起こっていたことは、日本型経営の強化であった。
③日本型経営は非効率だからやめるべきで、働き方改革で直す（変える説）。
④日本型経営とは関係なく業務の高度化が進んでおり、企業は対処を迫られている。

本能と思考が別々になっているようで、これは奇妙な話だ。タバコ（日本型経営）は体に良くないからやめましょうと言いつつ、結果的に喫煙本数が増えているような状態だろう。タバコをやめられないのは意思が弱いからであり（経営者）、本能的にタバコが好きだからだ（従業員）。この矛盾した状況で官民は働き方改革をやっているのだが、本当にタバコをやめることはできるだろうか？

実は、日本型経営からの転向は、これで4ラウンド目である。

第1ラウンドは、1960年代に経団連が年功給を廃止しようとした時に始まるのだが、この試みは頓挫した。第2ラウンドは成果報酬へのチャレンジであり、当時はグローバル経営がもてはやされ、ソニーを筆頭に欧米的な経営へシフトしようという試みが多かった。これらの実験も、ほとんど失敗している。そして第3ラウンドが、リーマン・ショックだ。当時は雇用リストラの可能性があった。米国を見れば分かるが、不況とともにレイオフを断行する国は数多いから、日本もその気になれば、断行できた。

しかし、日本は180度逆の方向へ行き、政府から雇用延長に対する助成金が支給されると共に、企業は賃下げで雇用を守った。賃下げして雇用を守るのも日本独自の慣習であり、米国ではレイオフと交換に、残った従業員の賃金を上げる。だから米国はインフレ基調を維持できるのだが、日本では賃下げが原因になってデフレが深刻化している。そして、第4ラウンドが現在の「働き方改革」だが、これまで説明してきた通り、シナリオ分析の結果は好ましくない。つまり、またしても日本型経営は防衛に成功し、順延するだろう。大方の予想に反して、本当にしぶとい。

結論として、日本型経営は容易に崩れない。強固に男性中高年が雇用を堅持しようと、社内で抵抗を続けているからだ。企業においてコアの正社員の利権は強く、簡単に変えられない。従って、今後もこれまでと同じように、「長い目で見れば、日本型経営はなくなる」という想像のまま、現実はたいして変わらないだろう。日本型経営の範囲は縮小するが、中心部はこれからも変わらない。

縮小する分の流動化した労働力が増え、以前から低賃金労働の側で非正規雇用の動きが拡大してきた。今後はコア／高度業務においてこの動きが拡大する可能性がある。なぜなら現在の雇用を変えずに高度化してゆく業務を達成しようと考えると、この業務を外注するしかないからである。従って、これから当面の間、高度化した受託ビジネス――ＡＩのデータ分析／各種のコンサルティング／実行支援サービスが――が伸びる可能性が高い。

「強い会社」が雇用を独占する

では、日本型経営は、長期的にどうなるのだろうか。この点について経済学者は、欧米のように解雇／中途採用から成る労働移動を増やし、徐々に労働エコシステムを作り変え、日本型経営の弊害をなくしてゆくのが良いと考えている。これを「労働の欧米化」と呼ぼう。時間はかかるが、20年、30年の単位でその方向に向かうという予測である。

日本型経営に対する評価の難しさは、ここに見られるような「経済理論vsムラの本能」によって生じるパワーゲームの均衡点を、上手く見極められない点にある。学者が指摘するように、理論上の正解は「労働の欧米化」であり、この結論に異論はない。しかし、大半の労働者は企業ではなくムラに帰属し、本能的に欧米化に抵抗してきた。しかも、半世紀も前から延々と抵抗し続け、グローバル経済が到来し、21世紀になり、中国企業が勃興

●リストラの有無と解雇ルール

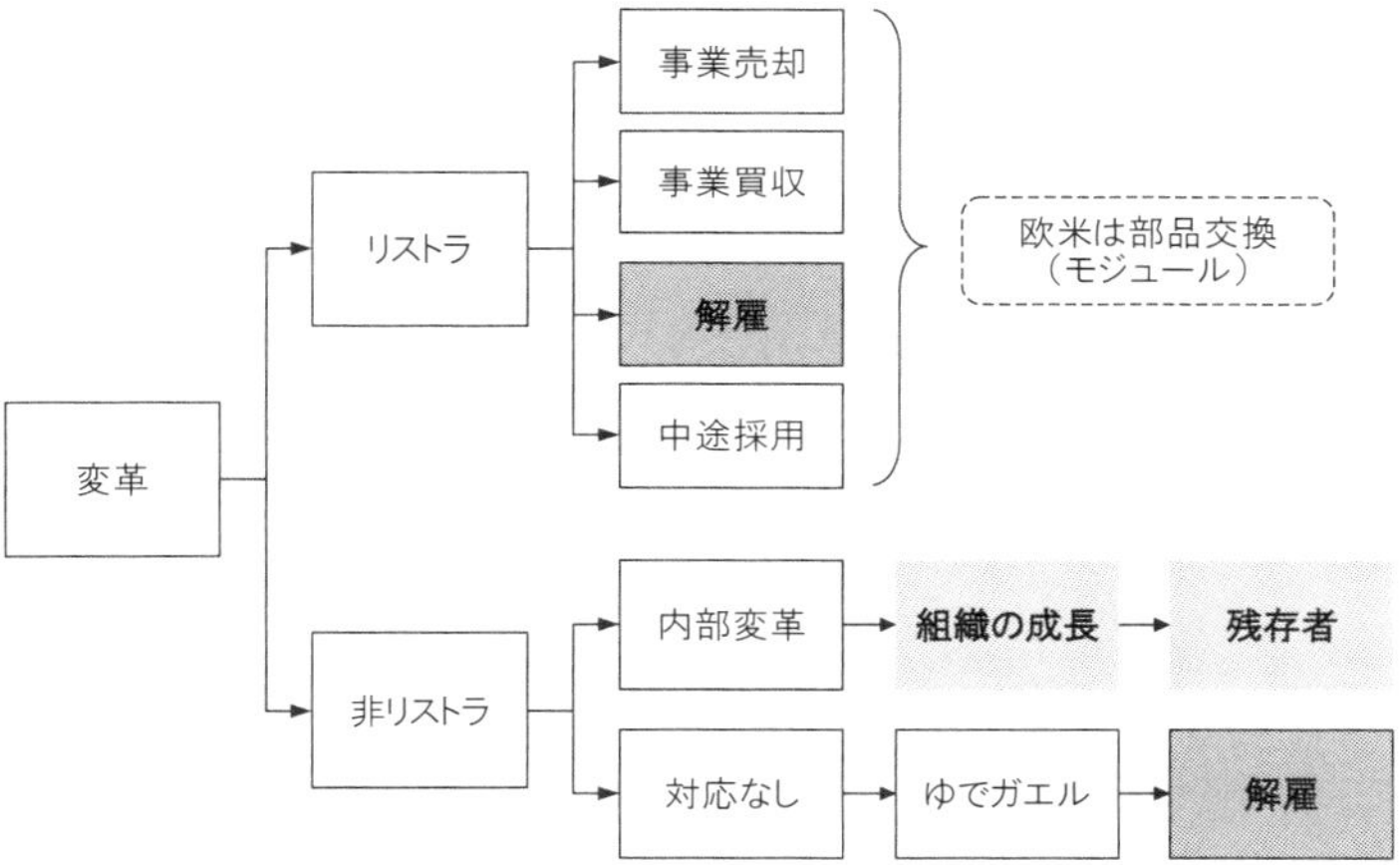

して日本企業を追いあげ、各種の経済指標ランキング上位から日本がことごとく脱落し、自らの賃金が下がっても、まだ抵抗をやめようとしない。

「経済理論vsムラの本能」の戦いをシナリオとして予想するのは、その勝敗を判別する根拠に欠けるだけに、非常に難しいのである。このバトルには、理屈を超越した大衆の執念を感じざるをえない。日本人はとにかく株主と解雇が嫌いで、ムラと雇用が好きなのだろう。

わたしが個人的に感じるのは、ムラの本能は強烈に強く、日本人はおそらく変われない。つまり、雇用への執着をこれからも絶てないと見ている。それはどこかのムラに帰属し、村八分を避ける協調性で生き延びるという、２５００年間続いた稲作ムラの伝統と、それに順応した日本人のＤＮＡを変えることは、そう容易ではないからだ。

ここで、長期的な予想として二つの仮説を提示したい。第1の仮説は経済学者が考える通り、「労働の欧米化」が進むとする説である。そして第2の仮説は、日本人にとっての解雇が何かを考えると、見えてくる。

世には、日本企業や公益団体は解雇しないと思っている人が多いが、とんでもない勘違いである。実際に市役所が昔から大量解雇を何度も実施してきた事実は、先述した通りだ。自治体ですらこうなのだから、民間企業が破綻時に解雇しないはずがない。

実は、前ページの図を見れば分かるが、欧米企業は部品交換のように「日常的に、少しずつ解雇&中途採用」している一方で、日本企業は「破綻時に大量解雇」するのだから、労働的なゲームの成り行きが違うだけである。都合良く解雇のない世界など、存在しない。解雇の仕方が、国によって違うだけなのだ。

つまり、日本企業はムラという単位で団体戦を戦っており、ムラとムラが戦い、負けたムラは解散するというルールがある。日本における解雇とは、負けた側が倒産した後のタイミングで一気に起こるのだ。

だとすると第2の仮説とは、「強い会社の雇用が、弱い会社の雇用を削る」である。つまり、変革を通じて優位に立つ企業が弱い企業を潰すことで、勝った側の雇用が守られるという結末だ。これなら日頃から解雇をしなくて済むし、日本型経営を変える必要もない。自身は、この第2仮説の支持者である。

今あなたにできること――ゲームのルールを読み解き、行動に移る

もしあなたにアドバイスがあるとしたら、それは二つの分岐で説明される。

第1に、日本企業のコアに留まるか、専門職タイプの社外プレーヤーになるか、決める価値があるかもしれない。日本企業はコアの雇用を保証する代わりに、自身の能力で高度の業務をこなせない。だから、高度の専門家が社外に蓄積し、こういった外注タイプの企業と付き合うだろう。

この傾向はシステムインテグレーターに顕著な傾向であり、欧米にはこのタイプの外注企業があまりない一方で、雇用調整ができない日本企業の周辺では、巨大なシステムインテグレーターが発達してきた。他にも広告/マーケティング/生産管理/労働管理/研修/コンサルティング/BPO/エンジニア派遣など、専門職として生きていくのであれば、社外にある専門会社に勤めた方がいい可能性がある。

第2に、「強い会社」に所属した方がいいだろう。欧米のように中途採用が日常的にな

●日本型経営の未来シナリオ

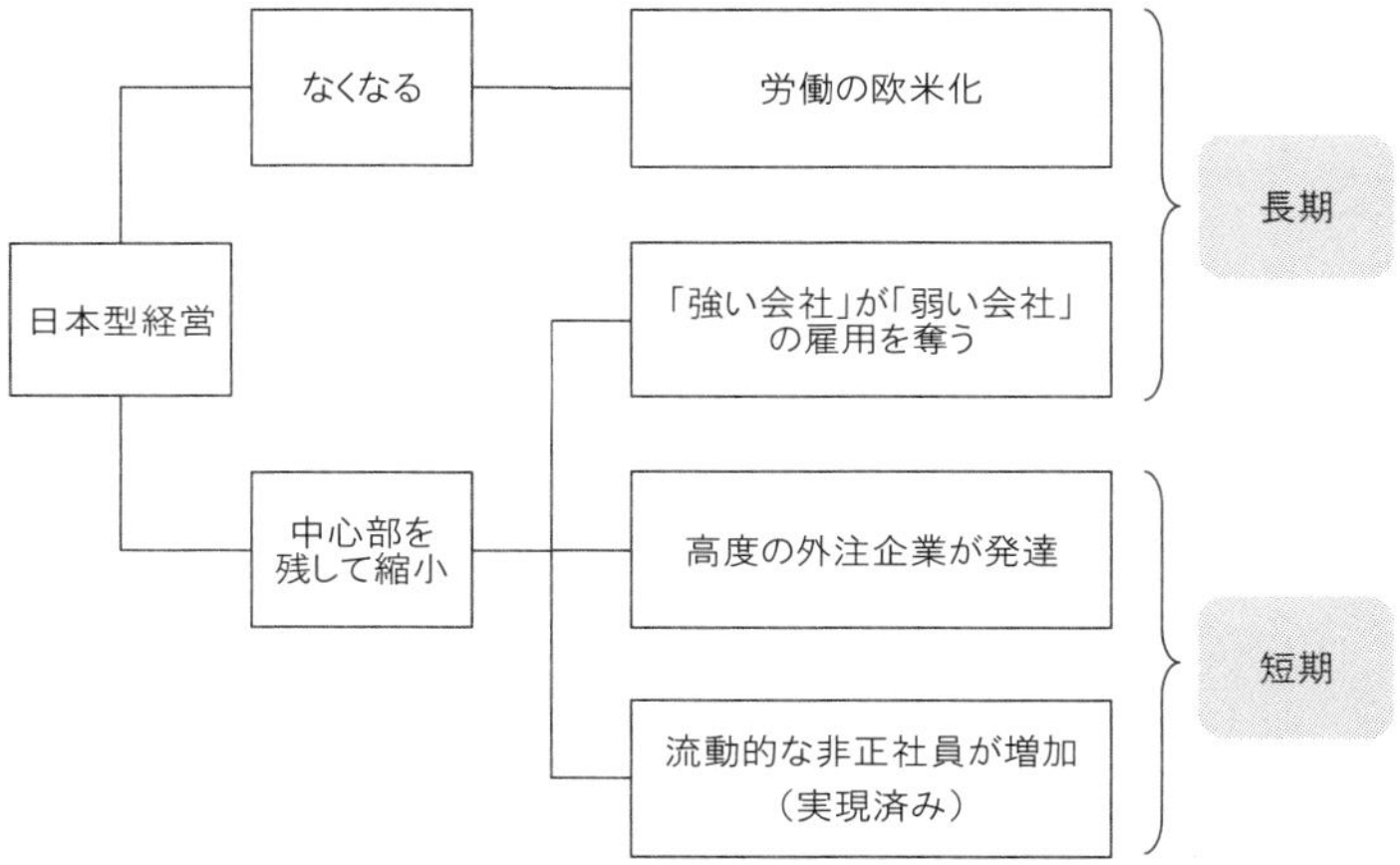

るまでには相当の時間がかかるか、そのような時代は来ない。そうでなく、雇用を巡ってムラ同士が争い、負けた側で失業が発生しているのだ。ほぼ全ての日本人が強く雇用に固執しているのだから、雇用はムラ単位での争奪戦になるに決まっている。市場縮小が進んでいる現在、全ての企業は生き残れない。だから弱い会社に居たら、将来の雇用が危ない。ならば、強い会社に移ればいいのだ。

ビジネスにおいて大事なのは、ゲームのルールを読み解くことである。もしあなたが欲しいものが「雇用」なのだとすれば、これから縮小市場において社数が減っていく中、「破綻→解雇」の側にいるのは、〝ゲームとして致命傷〟である。

要するに、「ウチの会社は変わらない

な」と嘆いている場合ではない。それが変われない会社なら、今のうちに勝ち馬である同業者に転職するか、成長産業に移るのが正しい。見極めるべきは「ウチの会社が変わる日が来るか、来ないか」であり、「変わろうとして、変われそうか」である。変われないなら、そこにいてもメリットは無いのだから、立ち去ろう。自身の将来を明るくしたいなら、そこで迷ってはいけない。

なぜ若者は人気の大企業を辞めているのか?

日本企業は業績が落ちると、いとも簡単に賃金を下げる。だから、昇進の可能性と生涯賃金の合算で考えないと長期雇用の辻褄が合わない時代になっている点に注意してほしい。過去と違って「一応は有名な○○社だから」という事実は、何か良いことの根拠にはならない。企業のネームがどうであろうと負けは負けであり、業績が賃金に反映されるだけなのだから、負ける会社の中で安閑としていてはいけない。負けた集団が快適に過ごせるほど、そこまで日本の未来は明るくもない点にも、注意だ。

例えば、かつて高給で有名だった新聞社は、現在では並み以下の給料にすぎない。財政が破綻すればさらに大量の高齢者が購読をやめるが、その時、どうなるのだろうか。新聞社の社名は誰でも知っているが、そんなことはどうでも良くなる。「武士は食わねど高楊枝」と世間体で見栄を張るには、現代の老後人生は長過ぎる。見栄よりカネに価値観を切り変えて、よく考えた方がいい。

実際、最近の若者は旧来の大企業に見切りをつけ始めていると報道されている。「どうせ変われないいんでしょ?」「ここにいても成長がない」「30年後を考えると、ここにいるのは危ない」「自分の成長が先で、会社がいつ変わるかに興味はない」「賃金が下がらないとは思えない」という、当然の判断である。人気の大企業でもそうなっているというから、若者は既に何が起こり始めているか、薄々気が付き始めているようだ。

既に若者が逃げ始めている人気ある大企業の将来は、なかなか不気味で、同時に興味深い。これはネズミが逃げ出し始めている大きな船を見て、そこで何かが起こっていると感じるのと同じだろう。実際に45歳以下の世代で、エースといえば既に〝起業組〟を指しており、大企業の社員ではなくなっている。その辺の大企業にいてもしょうがないと、エリート層は冷静に割り切っているのだ。これは20年前とは、明らかに違う価値観である。

「日本型経営2・0」が必要である

ここで個人から、国全体の話に視点を戻そう。国全体の話を考えると、日本型経営が終わらないという結論はなかなか難しい。

先にも説明したと通り、世界レベルで見れば日本経済は弱いリーグであり、旧来の日本型経営が温存されてしまうと、経済が活性化しないからである。ならば、これからも停滞が続くだろう。しかし、さらに先の話をすると、ここで登場するのが日本企業の変革である。欧米企業においては変革の処方が確立した一方で、日本企業のための処方は開発されていないからだ。

実は、我々は常に「日本型経営か。欧米型経営か」の二分法で考えてきたが、それは根底から間違っている可能性がある。「変革できない日本型経営か。変革できた欧米型経営か」という、〝変革の達成〟にその差があったかもしれないからだ。欧米企業とて万能ではなく、自ら変革ができずに苦戦し、停滞した時代が過去にあった。それが復活したのは変革を達成したからであって、放置した状態で強かった訳ではない。

逆に業績が好調で、しかも効率的に経営されていれば、日本型経営でも生産性は高く、利益水水準に不足はなく、従業員の賃金も高いのかもしれない。業界上位の企業に限られるとはいえ、確かにそういう日本企業もある。つまり、我々が注目すべきは経営スタイルというよりも、その進化／変革／完成度の差にあるかもしれない。

仮に欧米の流儀がボクシングだとして日本が柔道だとしたら、現在の時点では、どうやら柔道よりもボクシングの方が強い。また、日本人は柔道しかできず、ボクシングを指導しても従わないように見える。これは逆も真なりで、欧米人に柔道は不可能だろう。これはこれで、おそらく間違いないと考える。

だが、より強化され、変革された後の「日本型経営2・0」がもしあるのだとしたら、それは現代の欧米企業に対抗できるのかもしれない。少なくとも、日本型経営が欧米型経営になるよりも、日本型経営の変革版に移行する方が可能性がある。日本企業の欧米化は、既に何度も失敗してきたからだ。この点からすると、我々は既に選べる立場にない。困難であっても、日本型経営を変革しなければならないのである。

次章では、流儀として日本型経営をやめぬまま、いかにして企業を変革するかについて考えてみよう。

3章のまとめ

1. 日本型経営の特徴である長期雇用は、既に機能不全に陥っている。
○しかし、日本型経営は意外なほどしぶとく、日本人のDNAと直結している。

2. 働き方改革は生産性を上げるための良い手段にはならないだろう。
○時短の効用は、余暇が増えることによる消費の拡大と、子育ての可能性。
企業の生産性を上げるためのツールにはならない。テレワークの効用は企業による。
○同一労働同一賃金は、その基準を作る仕組みが日本にはないため、難しい。

3. 生産性の向上は、日本型経営に阻まれるであろう。
○生産性の低い領域にはIT投資が有効だが、投資するカネがない。
○職業教育に関係する企業／学校／個人の全体が変わるには長い時間が掛る。
○コアである男性中高年は、現状を変えたくない。雇用の流動性は上がらない。

4. 個々の企業の生産性が上がる可能性はあるが、それは優秀な企業に限られる。

○「新しい企業と、優秀な企業」が、上や端から慣行を変えてゆくイメージになる。

○長い目で見れば、「古い会社と、優秀でない会社」が駆逐されてゆく。

5. 現代の知的業務は高度化しており、専門性の高い人材の知識を統合する、チームマネジメントが重要になっている。

6. 「高度の派遣ビジネス」「上位の派遣ビジネス」が伸びる可能性がある。

○コア業務、高度業務においてこの動きが拡大する可能性がある。

7. 「強い会社」に所属することが望ましい。市場縮小が進んでいる現在、全ての企業は生き残れない。だから弱い会社に居たら、将来の雇用が危ない。

8. 旧来の日本型経営が温存されてしまうと、経済が活性化しない。

○困難であっても、日本型経営を変革しなければならない。

第4章 日本企業の未来は「組織の成長」にある

変革の教科書がない日本では、あなたの活躍にその成否が懸かっている。

もしあなたが企業のマネージャー、事業推進の担当者であったとしよう。さて、これからの日本に「ピカピカに輝く、更地の需要」が未だにあるとでもお思いだろうか？――確かに一部には存在するかもしれないが、それを仕留めるのはベンチャーである可能性が高い。経済砂漠化の様相を見せる日本において、その需要の大多数は低価格路線だったり、高度にハイテク、あるいは逆張りのビジネスしか残っていないからだ。ただでさえ方向転換にさえ手こずる既存の〝ゆでガエル〟企業が、この手の新しい需要をモノにするのは難しい。

そういう幻想はもう良いから、現実を素直に認めようではないか。要するに、これからの時代は、御社と競合企業の5社があるとしたら単純に1社が消えるのだ。

やり方を変えて〝イチ抜け〟する

経済モノの書物はだいたい売上が伸びるストーリーばかり称賛するが、現実には逆のケースが日本中で増えている。左ページのグラフにあるのは不況産業の典型である出版業界における大手3社の売上の推移だが、やはり3社とも下降している。だが、よく見てほしい。集英社は2009年から10％しか売上が減っていないのに対して、小学館は17％減らした。これは雇用の維持を目的とする日本企業にとっては、大きな違いではないだろうか。ここに、縮小市場における商機のヒントが隠されている。

縮小市場において必要なのは、自身にとって不都合な「自己変革」である。不振の本業の外で新規事業を連発し、減少する売上をまかない、再成長するのはそう簡単ではない。そうでなく現業を新しくバージョンアップし、時代に追いつくように作り変え、業界下位からシェアを奪い、残存者としての生存を実現し、結果的に現状を維持する方が現実的だ。

例えば、出版分野にいたリクルートは、以前は紙媒体を使った雑誌を発行していたのだが、ほぼ全てのメディアをネットに移行した。メディア&ソリューション事業は順調に成長しており、2013年から2017年のわずか4年で、30％の増収を達成している。リクルートと出版大手3社の事業構造は異なるので単純な比較はできないが、時代の変化に

●三大出版社の売上推移

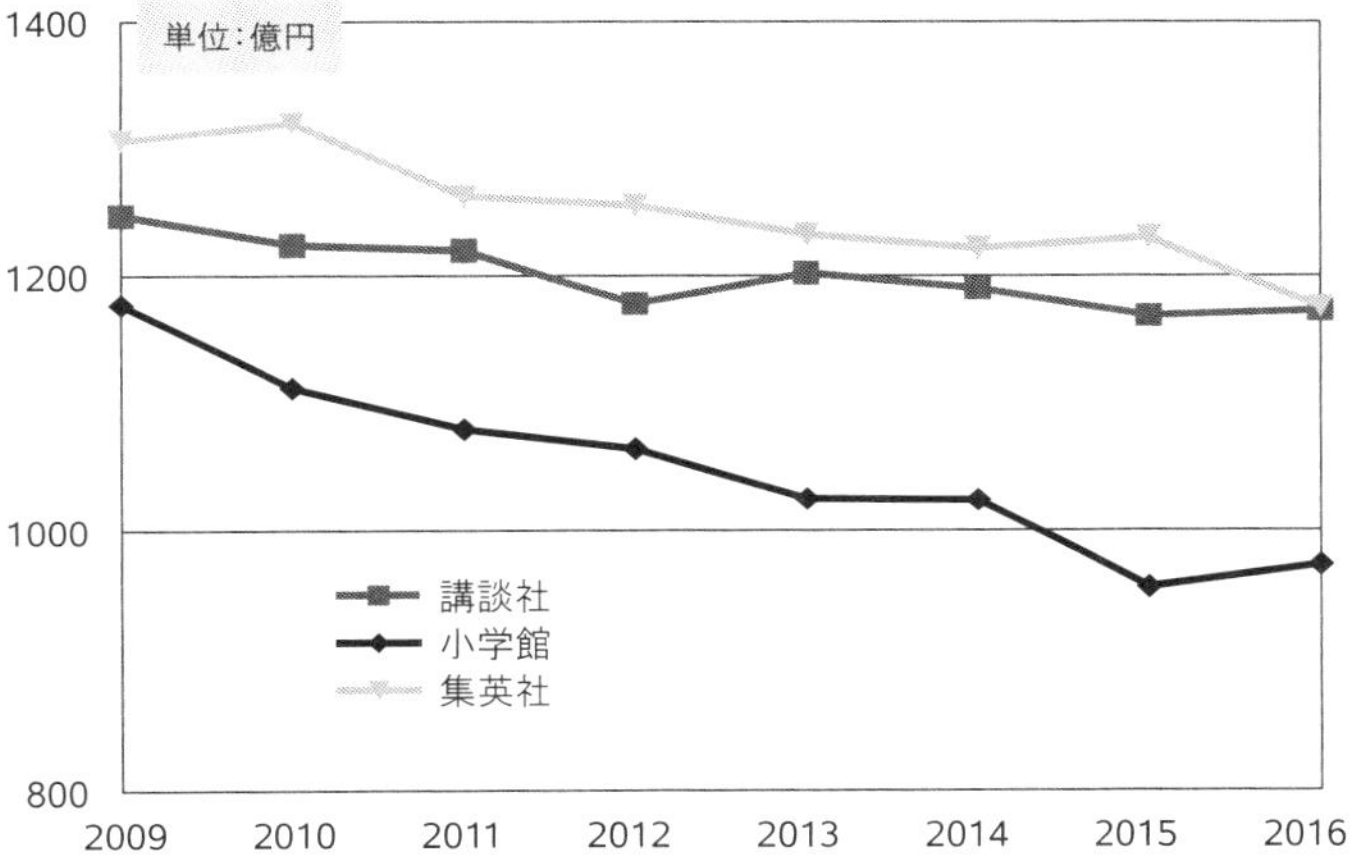

即応するリクルートと旧来型事業の典型である出版社の、変革に対する温度差は明らかであった。KADOKAWAは小規模出版の買収を繰り返すとともに、ニコニコ動画のドワンゴと統合し、新しいタイプの著作権ビジネスを狙っており、やはり近年、着実に成長している。このように、かつて出版業界のプレーヤーだったからといって、全ての企業が凹んでいるのではない。やり方を変えた企業から「イチ抜け」している構図がある。

この出版／アニメ／映画／テレビといったメディア業界で指摘できる変革には、一定の傾向がある。

変革ができた側のプレーヤーは、「媒体」の側から「コンテンツ」の側に軸足を移しているケースが多い。つまり、テ

●メディア業界におけるコンテンツ・シフト

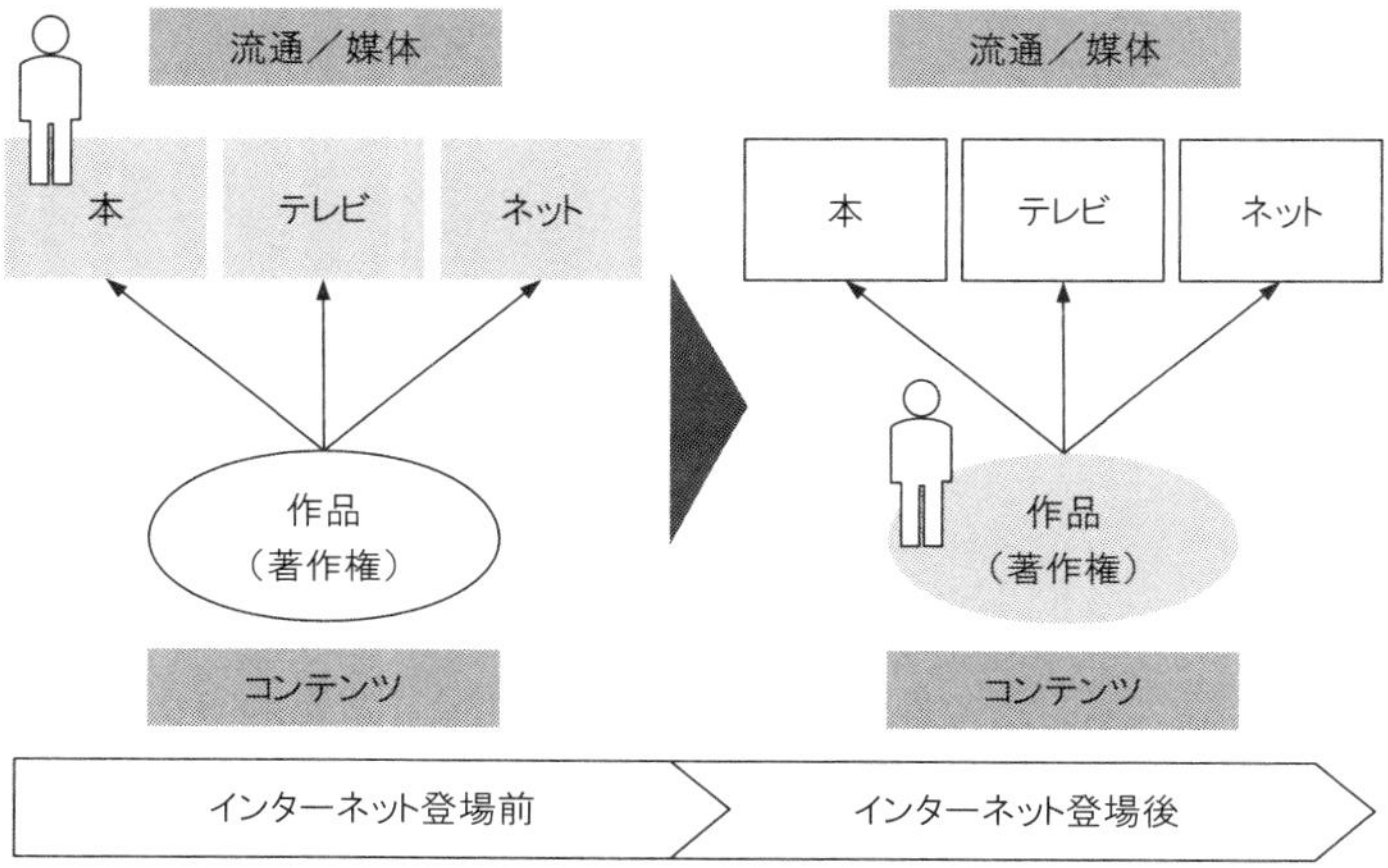

レビから番組へ／本から著作権へ／テレビアニメから作品へと、徐々にビジネスの重心が作品／著作権の側へと移っている（上図参照）。ＫＡＤＯＫＡＷＡやリクルートは、その販路が本かネットかには既にこだわりが無く、なんでもこなすというスタンスである。これは映画会社がテレビ局を支配する米国のメディア業界でも起こった変化であり、アニメでいえばバンダイナムコがやったことだった。ユーチューブも実際には番組制作を強力に進めており、音楽ＰＶ企業に出資したり、自社でスタジオを作ってユーチューバーを囲い込んだりと、熱心にコンテンツを作っている。アマゾンや米国で有名なレンタルビデオチェーンも映画制作に乗り出した。その一方で、止まらずに沈

んでゆく側のテレビ局／出版社は、媒体にこだわってコンテンツに軸足を移していない企業が多い。つまり、ネットによって販路や流通経路はどうでも良くなったので、販路を選ばないコンテンツの地位が高くなったのだが、それを理解し、ビジネスとして形にできたかどうかが、成否の分岐になっている。

日本企業が変われない理由

もちろん、今まで媒体に強みを見出していた企業が、今までは違うコンテンツの側に軸足を移すのは難しい。テレビ局は今でもテレビ制作会社の社員を低賃金で踏み台にしているし、書籍業界も嘆くばかりでネットや他のメディアには手を出せる状態にない。このように、「変革」は従来の本業を否定したり、越境したりする行為でもあるから、進める流れには社内の抵抗がある。こうして変革できないうちに、先に変革した企業に負けてゆくのである。

変革の典型例は、自動車にも見られる。現在の車はエンジンとガソリンで動くが、電気自動車の時代が来ると、自動車会社の仕事やカネの稼ぎ方は、今とは少し違うだろう。このようにあらゆるビジネスには「世代」があるので、新世代のビジネスに移行することによって、新しい時代の競争に勝つ訳だ。これは「他社は変われない。だが、当社は変わった」という変革の優位によって、他社の追随を振り切るゲームである。

しかし、新規事業は更地の開拓に相当するから日本型経営の障害はあまりないのだが、変革の際には、日本型経営が足を引っ張る。日本中の企業が〝ゆでガエル〟と呼ばれ、停滞している様を見るに、これはもう明らかであろう。


日本企業にいる企画マンは、なぜ日本型経営が閉塞し変革を阻むのかを理解するべきだと思う。日本企業を経営するということは、日本企業を正しく理解することから始まる。しかし、我々はそれをあまりにも簡単に怠ってきた。その怠ってきたツケが、現在に至る巨大な停滞につながっているように見えるからである。これは少し寄り道になる余談であり、同時に重要な認識だとも思うのだが、なぜ日本人は日本型経営を理解し、変革することに失敗したのだろうか。

その最も大きな理由は、日本型経営が事実として「世界の奇習」だからである。世界76億人の人口のうち日本型経営を実践している人口は1億人しかいない。この時点で、学術的な研究対象から確実に外れる。世界の経済学の主流は、それが新自由主義とまでは言わずとも、少なくとも日本型経営ほど左傾色が強くない。世界標準の経営スタイルから外れ、しかも四半世紀もまともに成果を出していない失敗システムである日本型経営は、希少な文明病に近い存在になってしまった。この事情は経営コンサルティングの分野にも同様に当てはまり、効きもしない欧米流の処方が氾濫する一方で、日本企業に効く処方が開発されてこなかった原因になっている。

戦略コンサルティングとともに変革を成功させた米国企業

逆に、変革に成功した米国を見てみよう。彼らはなぜ変革に成功したのか。その要点を理解するために視点を1970年代初頭の米国に移そう。企業変革のムーブメントが起こった前例がある。1970年代初頭、米国では日本製品の上陸が本格化していた。日本車／オートバイ／ラジカセ／冷蔵庫といった大量の日本製品が米国に氾濫し、貿易摩擦が起こる前夜である。この時代、米国人が立派だったと思うのは、自らの敗因分析をやったことだった。当時まだできたばかりのBCG（ボストン コンサルティング グループ）は、米国政府からの受託でホンダが伸長した理由を「戦略」に求めた。

多くの産業関係者が「日本企業が強いのは、ドル／円の間にある為替レート差の有利を利用しただけだ」とみなす中、彼らはホンダの成功を経験曲線を活用するといった戦略の活用に差があったと結論付けた。ここで、その真相はどうでも良い。後の歴史が証明するには、ホンダは戦略を意識していなかったし、使ってもいかなったからだ。BCGは単にホンダを過大評価し、勘ぐり、戦略立案の宣伝をしただけだった。

しかし、この発想は米国企業の変革ブームにハマった。「無防備な米国企業は、日本企業に対抗するために戦略を装備せよ！」というメッセージは、米国企業の経営者の心に響いたからだ。彼らはこぞって第二、第三のホンダに対抗するための戦略を考えるようになり、そして、戦略コンサルティングの普及とともに米国企業は「新自由主義的に」変革していったのである。

具体的にはＰＰＭの導入／ポートフォリオ投資／ＤＣＦ投資／シックスシグマ／ストックオプション／技術標準／ＭＯＴ（Management of Technology ＝技術経営）／キャズム理論／ＩＴ投資理論／ＳＣＭ（Supply Chain Management ＝供給連鎖管理）／ＣＲＭ（Customer Relationship Management ＝顧客関係管理）／ビジネスモデリング技法／コンピテンシー評価等を次々と完成させ、米国企業の経営を変革していった。当時、ＢＣＧが賢かったと思うのは、日本企業の上陸を米国企業の危機であると捉え、治療薬を開発しようと考えたことだった。結果から見れば戦略は米国企業に対する有効なドクトリンとして機能し、治療薬としての効果を発揮してきたからである。

その成果は、確実にあったと考えられる。経営者と一般社員の間にある所得格差は拡大したが、少なくとも米国企業は日本企業の米国侵攻を止めたばかりでなく、新理論を駆使するＩＴ産業を勃興させることに成功しているからだ。生産性も上がり、コンサル業界の生み出した知識と人材はベンチャーにも伝播している。

「改革報酬」の発明が米国経済を変えた

この戦略を起点とする変革技法は、特に米系企業において上手く機能した。リーダーシップ／解雇／中途採用／コンサル／ヘッドハンター／再建ファンド／ヘッジファンド等が上手くつながり、変革の負荷を下げたからだ。その際には、周辺的な発展を生んだことが大きかった。それはトップダウンから始まり、ストックオプションで報酬を劇的に倍増させる、「改革報酬」の発明である。

欧米型の経営では「強い株主」と「強いリーダー」が結託している（次頁の図参照）。これを最初から順番に説明すると、企業はいつか大企業病に陥り、マンネリ化し、閉塞してしまう。だから定期的に変革が必要になる。これは世界中、どの企業も変わらない。ここで強い株主は企業をどうにか変革して、業績を復活させたい。しかし、経営者は変革の負荷が重いために、普通はこの取り組みを嫌がる。

そこで、ストックオプションという仕組みで株主が株を経営に与え、それを報酬の原資にした。株を握った経営者は雇われ社長ではなくなり、自分にもオーナー権があるので改革後の報酬が倍増する。こうして株主は、本来であれば利害が対立しやすい経営者を抱き込むことに成功したのである。

●企業変革の定石（米国）

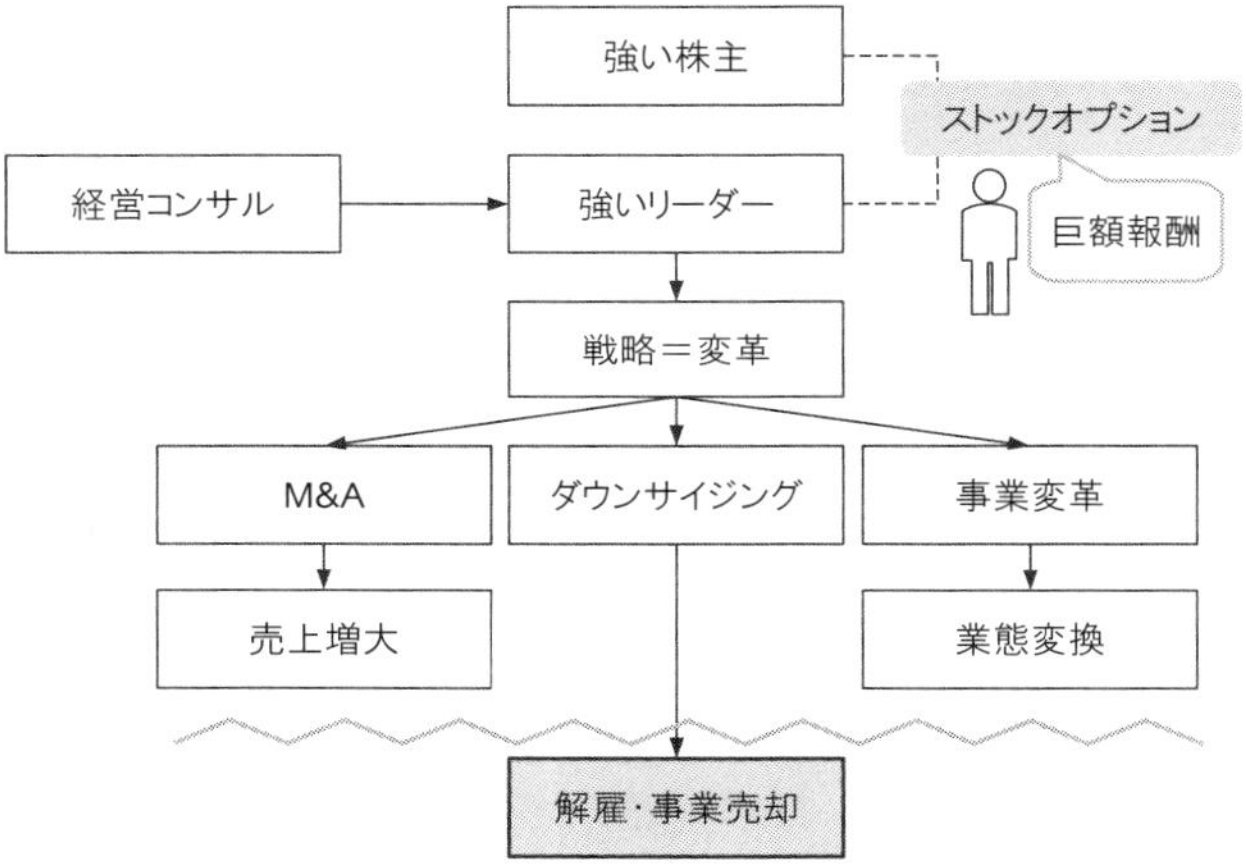

好況時には、経営者は売上の取りこぼしを防ぐために多めの人員を採用する。これで株価を上げて、まず報酬を巨大化させる。特に短期的な業績を追求するなら事業の買収が手っとり早いので、M&Aでさらに株価を上げる。不況になると、今度は一転して解雇に踏み切る。解雇すれば人件費が浮くので一発で利益が出て〝V字回復〟が実現される訳だ。こうして再び株価がV字に回復し、また巨額の報酬を手にできる。事業レベルで赤字が出ている時は、事業を丸ごと再建ファンドに売却する。こうして失血を止めるだけで、また株価が上向く。この様相は、株主と経営者が阿吽の呼吸で作りだす出来レースのようなものだ。

「大企業病」を治した「資本主義2・0」

ストックオプションを通じた経営者の報酬は、劇的に大きい。経産省が2015年に実施した比較調査によると、米英独仏の上場企業のCEOが得る報酬総額の中位値（トップ／最低の人数上の中間50％）は平均で3・2億円から18・2億円。年収のレベルが、最初から数億円の単位だ。対する日本はどうか。同じ基準で計測すると、会長で5500万円。CEOで4500万円である。次ページのグラフを見れば分かるが、経営者として働く気が失せるほどの薄給である。

絶対的に開き切った差を示す数値的なファクトが意味するのは、「似たグレードなら、モチベーションは金銭だけではない」としても「全くグレードが異なるなら、比較にならない」が正解だろう。きつい負荷の掛かる社内の変革に、5億円プレーヤーと5千万円プレーヤーの意欲が同じなはずがない。エンゲージメントが低いのは社員だけではなく、実は、経営者自身もなのである。

いずれにせよ米国では1970年代から大企業病が問題になってきたので、「戦略→経営コンサル→トップダウン変革→ストックオプション→経営者に巨額報酬」という変革の定石が編み出されていった。この結果、経営者とゲンバの間で経済格差が拡大したが、少

●経営者報酬の国際比較（2015）

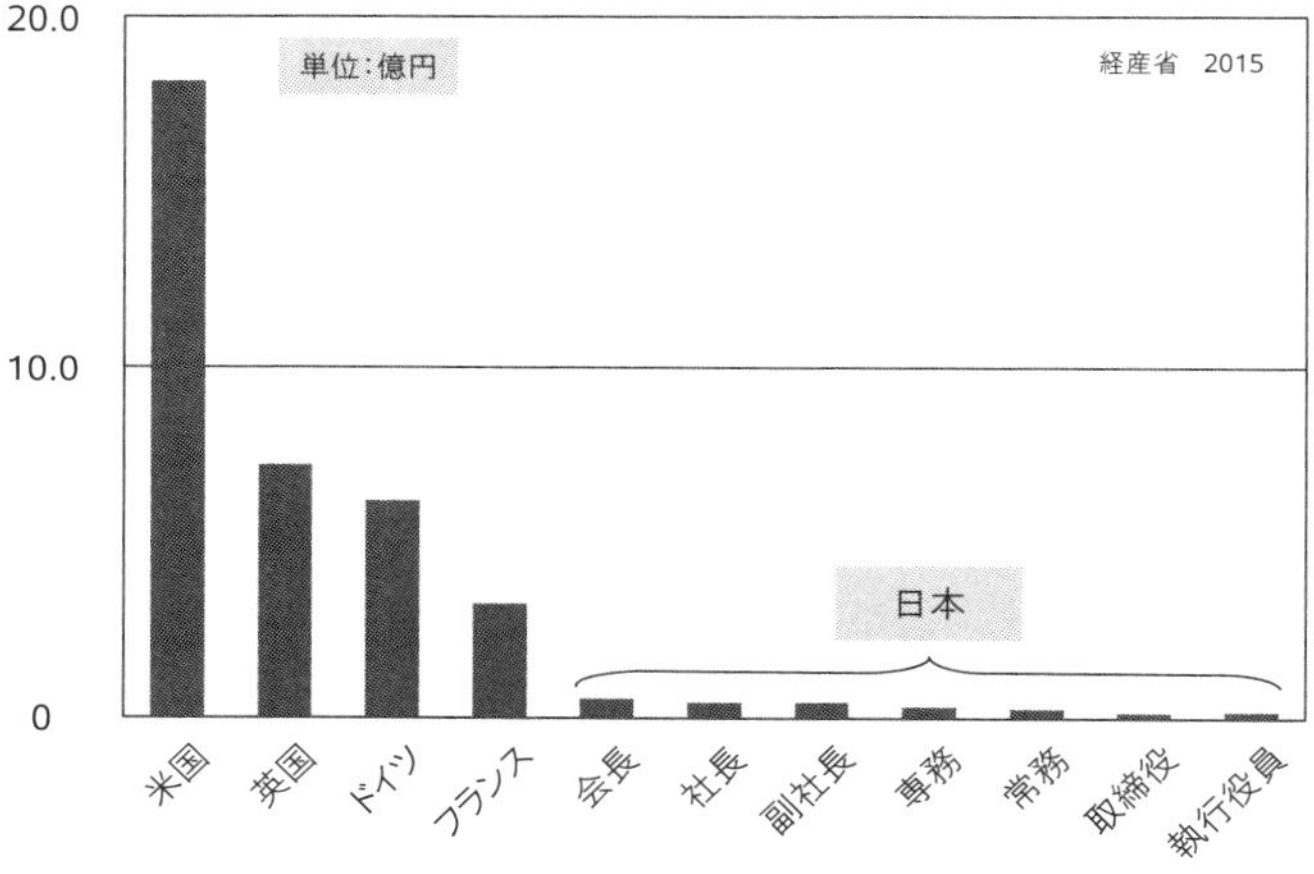

なくとも大企業病は治った。この構図を「資本主義2・0」と言うらしいが、これはスーパー経営者とコンサル企業が結託し、大企業を徹底的にリフォームする手法である。

　変革の過程では、解雇が非常に大きな働きをする。欧米企業では社員の間で、企業が変わることに対する異論は無い。異論を言えば解雇になるか、経営幹部と考えが合わないなら去るしかないからである。また、欧米企業は組織の成長をあまり強く意識する必要がない。なぜなら中途採用者を採ってから新たなチームを組んで、組織の成長をクリアしているからだ。逆にパフォーマンスの低い人材は解雇するので、組織の育成や改造に手間を掛ける必要がない。つまり、その報酬は巨大な上に、改革の手間はあまり掛からないのである。

“ゆでガエル”の治療法がない日本

視点を戻して、日本の側を見てみよう。米国と条件を比較すれば明らかだが、日本企業の変革には数々の不利がある。

①株主が弱いから、変革の圧力が高まらない。外界にある株主強化の変化は遅い。
②解雇しないからリーダーと経営者の立場が弱く、簡単に現場に抵抗される。
③経営者の力が弱いために、トップダウン型の変革が難しい。
④エリート層は変革に抵抗される一方で改革報酬がないから、変革に乗り気でない。
⑤経営者の任期が短く、人事が順送りであることが分かっているから火中の栗は拾わない。
⑥誰も辞めないために、一度失敗すると組織全体でトラウマを共有し、挑戦が止まる。

確かに日本企業は今と同じ活動を繰り返すには、おそらく世界でも最強のパワーを持つ。社員がなかなか辞めないからだ。長期にわたって同じことを反復すれば製品／業務の品質は確実に上がる。だが、それは変革期においては逆の方向に作用している。

「株主が弱い」「経営者も弱い」「ゲンバは強いが変革には向かない」「失敗すればトラウマになって挫折しやすい」「リーダーがいない」の五重苦は、日本企業がなかなか治らない重病人であることを意味する。

当然、医者、あるいは薬を処方する薬屋の側のいるコンサル業界は、この困難に全く太刀打ちできなかった。以下に提示するファクトは、NRI（野村総合研究所）が2014年に出版した『NRI流　変革実現力』（中央経済社）という書籍からの引用だが、ここにある事実には、もう、びっくり仰天するしかない。


NRIは単体の売上高3000億円、従業員5000人以上の企業グループを対象に、これまでの改革が成功したかどうかについて調査を行いました。ここでいう改革は、コスト構造改革や事業構造改革など変革を実現するために実行する改革テーマを指しています。調査の結果、2000年以降、改革を標榜した企業は、約6割存在していたものの、改革テーマで掲げていた目標の実現および会社全体の財務数値の両方を達成した企業は、全体の1割に満たないことがわかりました。財務数値または改革テーマで掲げた目標が達成できた割合は、それぞれ

6%程度であり、全体の1割強を占めています。結果として残る約8割が改革を標榜したものの、業績面においても、改革テーマとしての取組み面においても目標を達成することができていなかったことがわかりました。

これはすごい。なんと日本の大企業では変革の失敗確率が、実に、9割以上だと言う。これまで1980年代から30年以上、チェンジ・マネジメントという商品がコンサル業界で販売されてきたが、そのサービスは全く効いていなかった。そもそもマッキンゼーが過去に自ら標榜してきた通り、経営コンサルの存在意義は「企業の変革」にある。だが、この業界は過去にその目的を1割も達成したことがないのだから、すごい。これでは泡沫産業を超えて、詐欺産業である。

この現実を悪意に見るなら、これまで成功確率1割未満のサービスを売ってきたコンサル業界は医師ではなく、呪術師のレベルだ。逆に擁護するなら、医者とて全ての病気を治せる訳ではないのと同じで、「努力はしました。ですが、この難病には薬がないのです」という立場になる。

日本企業の〝手ごわさ〟

この失敗に関する戦犯は誰かというと、コンサル業界に力不足があることは明らかだが、変革を受け付けない日本企業の〝手ごわさ〟にも原因がある。表向き企業のフリをしていただけで、日本企業の正体はムラだったからである。同じ書籍の中に日立製作所が実施した変革プロジェクトの話が書いてあるのだが、このオチは、非常に日本的だ。

日立製作所は２０１１年に変革を目指して全社で改革運動に踏み切った。その当時の目標として、そのまま引用するなら、

「営業利益率が10％を超えないと世界では戦えない。単なる原価削減でなく、世界と戦うためにコスト構造を抜本的に変える」という認識に立って、その手法、範囲とも従来の日立グループとは比較にならぬほど高度なものを追求しています。

という崇高な理念が掲げられていたという――さて、その後、どうなっただろうか。

２０１４年、日立製作所の営業利益率は４・94％。２０１５年は５・49％。２０１６年は５・91％。変革開始から６年経っても、利益水準は変わっていない。「世界とは、

ROS（Rate of Sales＝売上高営業利益率）が10％ないと戦えない」のだとすれば、改革が遅いか、経営者が約束を守らないか、そのどちらかだ。なぜなら日本で10年を超える長期政権の社長は、滅多にいないからだ。実際に改革着手の時期は中西社長の時代で、２０１４年から東原社長に移行している。だとすれば、当初あった改革目標は何だったのか。世界的な大企業の社長が、約束を守らないのは宜しくない。

急性改革が常に正しいと主張するつもりはないが、本当にどこまでが改革なのか、このように日本企業にいる幹部の本音は測りかねることが多い。カルロス・ゴーン氏がソニーの社外取締役だった時期に、ソニーの役員に「それはあなたのコミットメントなのか？」と確認して回ったという逸話があるが、ゴーン氏が追い込む通り、淡い期待とコミットメントは違う。これを減量トレーニングに例えるなら、10キロダイエットするというからコーチをしているのに、５キロ減ったあたりで先の話をうやむやにする顧客のダイエットを指導するのは難しいのと同じだろう。つまり、この話はコンサルだけでなく、変革を先送りし、目標を達成しようとしない日本企業の側にも問題がある。

こうして処方がない困難が解けぬまま20年も浪費し、その間に日本は貧しくなった。今でも人事部研修で社内のミドル層を集め、問題解決を演習する講座を開くと、８割の社員は社内の構造改革を持ち出し、２割は新規事業をテーマに設定するという業界人の話を聞いたことがある。誰もが変革しなければならないと知っていながらこの現状に至っている構造こそが、日本経済が没落した理由だと思う。

お手盛りの事業計画が停滞の元凶

また、これは技術的な話だが、日本企業は根底からビジネスプランの作り方を勘違いしている節があり、これも変革を阻む元凶になっている。

そもそも変革期の経営において「自分たちで戦略を立てて、実践する」のは不可能だから、やめなくてはいけない。これは世界では30年も前に消化された議論なのだが、日本では未だに理解されていない、例によって2周遅れの状況である。戦略立案を外注する理由は「政治」「技術」の二つからなり、「政治：技術＝5：5」で政治的な理由による。戦略立案は、政治的にお手盛りが働きやすい業務だからである。例えば、ゲンバで営業に強いマネージャーは、どうしても営業の重要性を強調し、強化したがる。それは自分が得意とするので、お手盛りで成果を挙げやすくなるからだ。

これは実際にあったケースだが、ある企業の内部文書を監査していたところ、オペレーションの強化が謳われていた。だが、不況期と成熟期にはオペレーションを強化した方が良いが、市場が伸び、競争が続いている時期は新しいラインナップ強化を進めるのが正しい。つまり、企業の「攻め」「守り」にはタイミングがある訳だ。そして、この事業はネットビジネスだったから、オペの強化に労力を割いている場合ではなかった。当方は間違いを指摘したが、こんな程度の忠告では動かない。こうして素人レベルの一部長のせいで、間違った方向のまま事業が進められ、機会が簡単に閉ざされていった。

これがよくある、典型的な日本企業の現状といえよう。多くの日本企業では何が望ましいかではなく、何がお手盛りかで動いている。だが、社内で抵抗の大きい業務、社長が嫌う話をわざわざ事業計画に織り込むサラリーマンはいない。それは社内に喧嘩を売るに等しい行為になってしまう。だから我々のような外注型の分析・戦略策定ビジネスが存在するのである。成果のありかを追い掛けて行って、変革的な領域にそれがあると分かった時点で、もう自社で戦略は立てられないのだ。

日本企業が自分で作る戦略にはミスが多く、機能していない企業が少なくない。この制約は、特に技術面において当てはまる。実際に日本企業は、日頃から不正確な調査をしている節がある。

例えば、フィットネスクラブA社に関して、当方と某大企業の経営企画部メンバーの間でやり取りした時の話だ。たまたまだが過去に双方とも同じA社を調査していたのだが、「なぜA社が伸びたのか?」という分析結果がまるで違った。先方は「サービスがあれこれあって自由に選べたから」だという。しかし、膨大な情報を漁っていた当方の回答は、「拡販キャンペーンのやり方を根本から変えたから」が答えである。これは数年分にわたる報道資料、業界資料等を集め、時系列で並べて判断しているから間違い無い。何よりも、A社の社長自身がそうコメントしているのだ。先方の企業が何を調べたのは知らないが、こんな調子ではまともに業務を推進できているとは思えない。

よくあるパターンは、適当にお茶を濁して終わるケースだ。例えば、財政が破綻するかどうかは不都合だし、よく分からないから、見なかったふりをする。実際に御社の中期経営計画や、事業計画を見てみると良い。どこにその財政リスクが具体的に織り込んであるだろうか？　——例によって、今になってもなお、無視しているではないだろうか。

日本企業が変革できないのは、このようにその起点となる変革の芽を、自ら消し去っているからだ。だから初めに持つべき認識は、戦略立案を外部に任せ、多少は不都合な意見であっても聞いてみる勇気だろう。ここを踏み出せない限り、いつまでも「お手盛り中計」の外には出られない。まず、企画部のスタッフは、ここで外を見てみる勇気を持ってほしい。ゲンバの大多数の社員も、以前から変革を望んでいるのだから。

それでも勝ち目はある

しかし、あまり上手く行っていない状況でも、慎重にやれば勝ち目があるかもしれない。ここからは企業のゲンバを変革し、実際に成果を出すということがどういうことなのか、

●ネット通販の業態区分

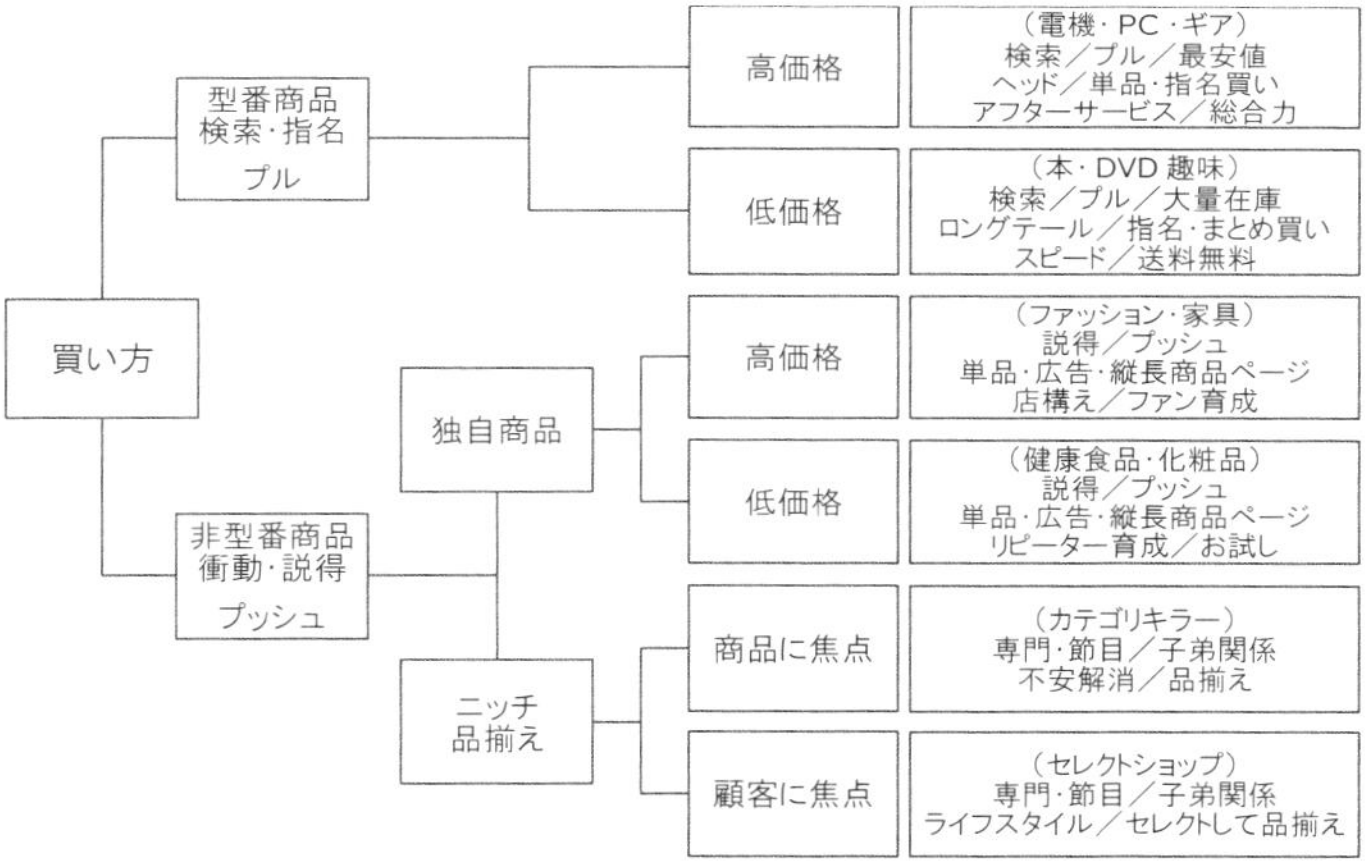

現時点でのベストエフォートを説明したいと思う。

まず、変革には簡単なケースと、難しいケースがある。ここからは二つの事例を基に、それを説明したい。簡単な例として、通販EC（電子商取引）の業態（ビジネスの類型）を分類した整理表である。上図にあるように、扱う商材ごとに運営のポリシーが異なることが分かる。だから通販業者は揃える商材が異なると、従来とは異なる業務の運用を求められる。

仮に現業から違う方向へ進もうと思うと、運営方式の違いに直面するこのギャップを乗り越えることが変革の達成イメージだ。例えば、低価格の商材を減らして高価格帯へ移動する／ニッチの販売から独自商品の販売にシフトする／異なるタイプのショップを並列に運用するなど、その変革の指針は分かりやすく、迷いがない。現状と将来のギャップは明白であり、変革に対する異論も反論もない。これが簡単な変革のイメージである。簡単な変革の場合、社内で粛々と作業しているうちに終わる。

素材メーカーにおける変革

次に、いかにも頓挫しそうな、難しい「変革」の例を提示しよう。対象は、素材メーカーの変革である。少し長くなるがいかに日本企業の変革が難しいかが、分かると思う。

素材メーカーは日本企業の典型であり、電機メーカーが弱体化した今、世界に誇る日本型経営の鑑であると言えよう。実際に電機／事務用機器／通信機器／映像機器が１９９０年代から競争に負けて次々と脱落してゆく中、輸出ランキングの上位に躍り出たのが鉄鋼と有機素材だった。多くの製造品が国際競争から脱落してゆく中、素材産業がランキングに残ったのには訳がある。それは素材産業に必須の戦略である「コア技術経営」と言われる経営スタイルが、日本型経営に近かったからだ。

コア技術経営とは、ひたすら技術を備蓄することで、その備蓄された技術の使い道を後から考え、社会に普及する戦略である。このコア技術経営はコンピテンシー経営――つまり、市場対応の速さよりも、組織で蓄えた力の側に競争力がある――との親和性が高く、

●スマホ市場の競争（概況·2015）

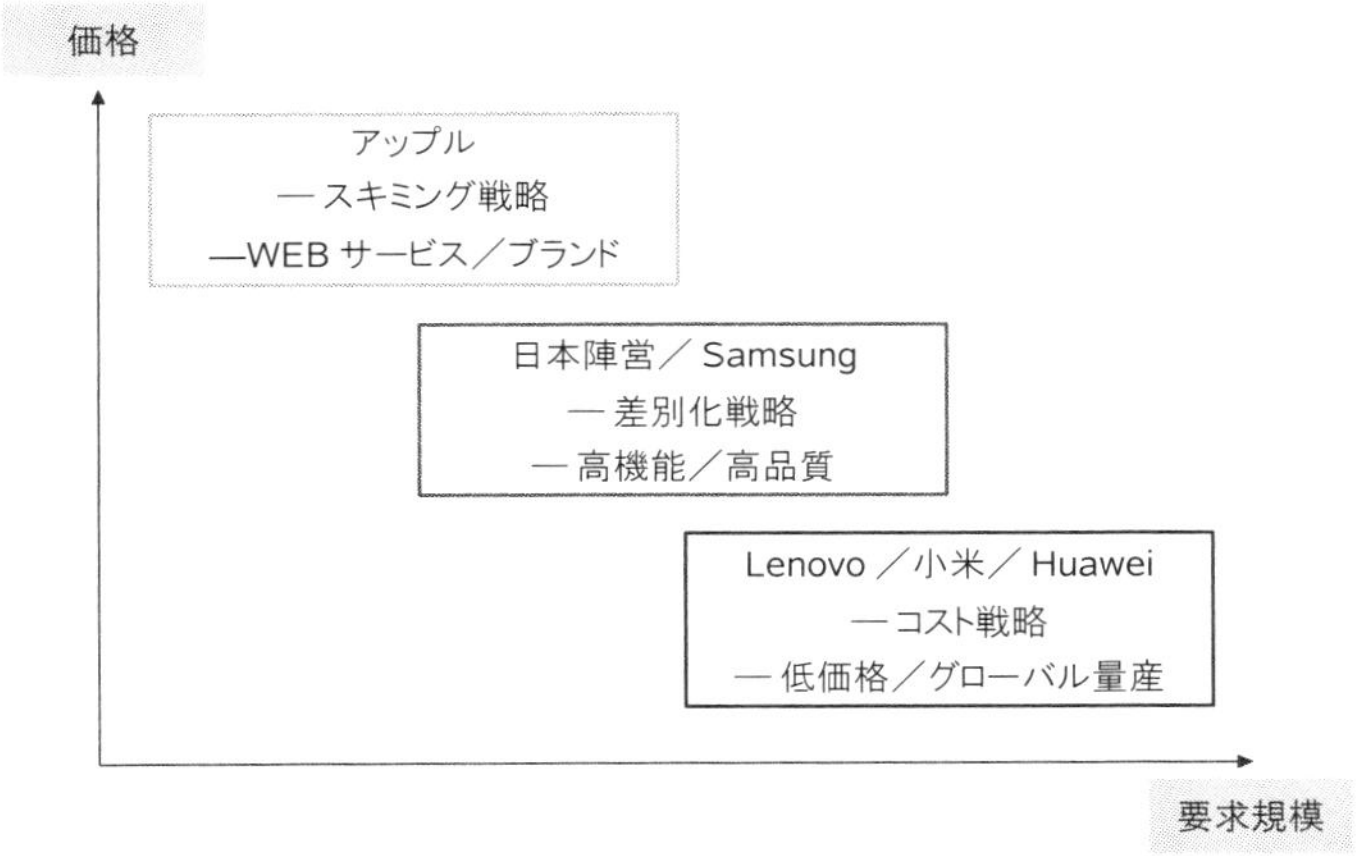

このコンピテンシー経営は共同体経営――つまり、長期雇用を是とするムラの運営――と近い関係にある。つまり、他国の素材会社では次々とエンジニアが入れ替わる中、同じ企業を辞めない従業員が延々と20年でも30年でも研究し、新素材のビジネスで成果を出す流儀は長期雇用を是とする日本企業に有利であった。

現在、日本のメーカーが苦戦しているのが、中国に登場した新興プレーヤーによる追い上げだ。新興国のメーカーは、安い労働力を使って低価格で攻めてくる。低価格素材の人気は高く、日本製ほど高品質ではなくても構わないと、先進国で輸入される量が着実に増えている。こうして日系メーカーは、下からの突き上げに苦心するようになった。一方、欧米のメーカーはグローバル・ニッチ戦略を志向するようになった。商圏設定においてグローバルという最大の範囲を取りつつ、アイテムの絞り込みを通じた集中投資を行い、商品の優位性を引き上げる。この際にはPPM（プロダクト・ポートフォリオ・マトリックス）を用いて投資テーマを選別し、不要なアイテムを切り落としていく。このように、欧米メーカーの戦略は限られたアイテムを全世界に展開するグローバル・ニッチへと転換しており、幅広いアイテムを対象として総花的に差別化を目指してきた日本メーカーとは戦略が異なる。

素材業界を取り巻くこの状況は、2000年代前半の電機産業に似てきた。前ページの図のように、日本の電機産業は現在のスマホ市場（ガラケー市場）において、2000年代前半には「上にアップル、下に中韓メーカー」の形で挟まれ、差別化戦略が通用しなくなった。アップルは典型的なグローバル・ニッチ／スキミング戦略／ブランド推しで日本勢を上から攻撃し、下からは低価格の中韓勢に攻められた。この構図は、現在における素材産業と非常に似ているのである。

日本企業は「差別化」が大好き

このように近年では日本企業が得意とする差別化戦略が通用せず、中韓と欧米企業に挟まれて苦戦するようになるが、そこには二つの理由がある。

まず市場が成熟すると、低価格の商品が有利になる。100円均一ショップ／SIMフリーの廉価スマホ／投げ売りまで価格が低下したデジカメなど、こういった事例は多い。現在の中華系素材企業の躍進は、このトレンドに乗っている。

もうひとつの理由は、日本企業は差別化戦略しかできないという難点である。日本企業は日本人のDNAに従って、ムラが得意とするコア技術経営に走る習性があり、だからこそ材の開発に長け、世界的な競争力を持つに至った。しかし、この経営には欠点が多い。日本企業の戦略的な目的は「差別化」の実現にある。日本人は解雇を異常に嫌うため、自らが知っている技術に全社員一丸となって拘泥する習性があるからだ。そのため「市場が成熟するまでの、差別化が機能する期間」においては差別化と高品質を実現するのだが、市場が成熟すると差別化が利かなくなる。しかし、ここから差別化戦略が賞味期限切れになっても差別化ポジションから動けないという弱みに転じる。日本企業は新しい技術／新しい戦略からムラという単位で隔絶されているからである。

電機産業を見ると、日本企業はやはり差別化戦略を追求していたが、途中から低コストを追うこともできず、かといって、アップルのような新しい戦略に転換することもできなかった。その後、戦略の変換にもたついている間に挟撃され、大々的にシェアを落としていき、現在では見る影もない。これと同じように旧来商法の効力が落ちてきた今、戦略を転換できなければ電機と同じように「差別化は得意ですが、利かなくなりました。ムラの戦略と心中します」という話になって、日系の素材企業が消滅する危険がある。これはまさに、戦略転換の危機である。

製品から離れた「オマケの競争」

日本企業が危機に追い込まれつつある中、素材産業では競争ルールが変わっていった。まず、素材は付加価値に乏しいコモディティー（汎用品）へと、価値が減じてしまった。すると、メーカーは激しいオマケ（インセンティブ）競争に巻き込まれていった。まず、素材だけでは足りなくなったので、迅速な営業対応と開発スピードの向上によって顧客企業を囲い込んだ。しかし、近年ではそれでも足りなくなってきたため、ユーザー側の企画・開発をサポートし、複数の素材を組み合わせて提案する方向に変化してきた。つまり、本体をキャラメルだとするなら、これにフィギュア（オマケ）を付けた食玩と同じように、「製品＋開発支援サービス」というセット商法をやらなければ勝てなくなってきた。

ここで起こっている変化は、戦略のシフトである（左頁の図参照）。素材製品の優位に加えて浸透戦術（迅速対応）、さらに食い込み（支援サービス）へと段階的に発展を遂げている。欧米企業はこの方策を愚直に率先し、通常の差別化戦略から抜け出している。しかし、日本企業は本体の素材は良いとしても、どうしてもオマケを上手く付けることができない。

●素材市場の競争（概況・2017）

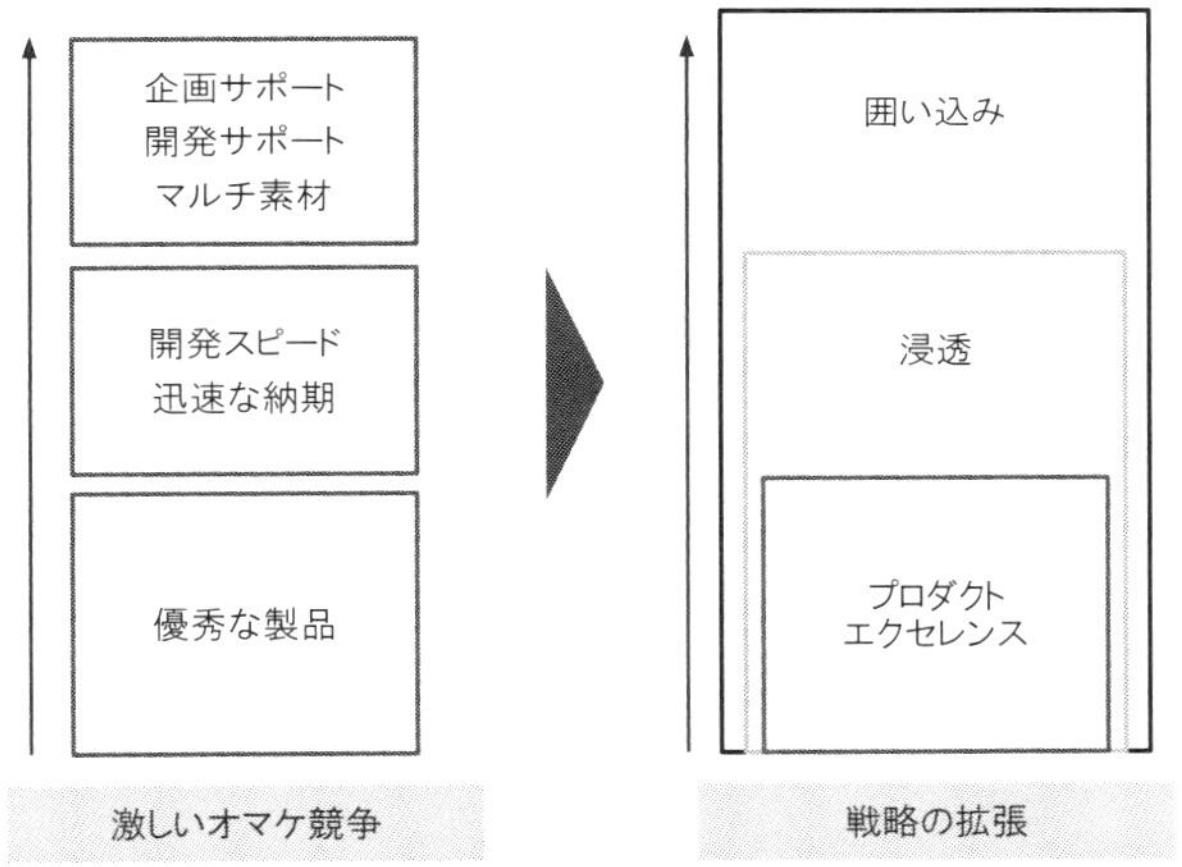

つまり、先の食玩に例えるなら、キャラメルを作るのは上手なのだが、フィギュアを上手く付けることが苦手なのだ。

変革を阻む日本人の文化

ここで、「素材本体に、オマケ（開発支援サービス）を付けましょう」という行為は、一見単純に見えるのだが、そうではない。そして、日本企業がこの障害を乗り越えられないことが、業界ではこれまで10年以上、何度も繰り返して指摘されてきた。

しかし、なぜ「オマケ（開発支援サービス）を付ける」という簡単に見える作業ができないのだろうか？　ここがまさに、日本型経営の問題である。なぜなら、素材本体を作る際には日本型経営が有利に作用するのだが、オマケを作る際には逆に、不利な方向に作用するからだ。

素材を作る際には、技術コア経営が基盤になる。簡単に要約すると、素材はムラの特産品であり、雇用の源である。だからムラ人はひたすら技術を磨き、特産品を増やし、全てのノウハウを貯蔵し、誰も辞めない中で特産品に詳しいムラ人をどんどん増やす。ここには大きな増殖効果が働き、特定の一素材に関して言えば、誰よりもノウハウに長けたムラができ上がる。この高いノウハウは製造工程にも向けられる。日本人は丁寧で規則正しく安定した生産を好むが、これは稲作が生んだ価値観であり、この価値観の上に高いノウハウが加わって、工場生産も上手く機能する。

つまり、日本企業にとっての素材作りとは、何もかもをムラに閉じ込め、貯蔵し、ひたすら能力を高め続けると安心するという内向き志向が原動力になっている。日本人はムラの外にいる株主を嫌っているから利益に関心がなく、雇用の安心に価値を認める偏った集団なので、内向きに努力し続けることに安心し、強い指示がなくてもゲンバは活動に邁進するのである――これが実際に、一昔前までは上手く機能してきた。しかし、日本企業ほどの品質でなくても安い中華素材が出回ると、日本企業もオマケ（開発支援サービス）を付けるという慣れない作業に手を付けるしかなくなった。しかしここで、これまでの強みであった内向き志向が、逆に足を引っ張り始める。

「オマケ（開発支援サービス）を付ける」と言ったからには、特許をある程度、取引先や協業先に公開し、シェアしなければならない。しかし、日本企業は内向きであり、自社の特許は雇用の源だから公開したくないという警戒感が強く働く。実際に特許の扱いに関して社内で紛糾する日本企業は数多く、交渉が途中で停止したり頓挫しかねない。

次に、オマケ（開発支援サービス）の主たる目的も、日本人にはピンと来ない。なぜオマケを付けるかという真の目的は、競合企業の排除にあるからだ。

あるA社と共同開発を始めた取引先は、B社とも共同開発するわけにはいかない。自ずと競合企業はいつの間にか排除され、開発支援サービスを提供した側が取引先を独り占めする。ところが、日本型経営は「和の精神」だから、競合を排除するという発想に乏しい。

「ウチの特産品は最高だ。だから、隣のムラと比べるまでもない」という見方に落ちてしまい、その必要を理解できない。こうしてある程度の数の社員が抵抗感を覚えれば、終了である。ここで事情を理解している一部の層が、他の全員を説得するのは難しい。仮に社内の意識改革に手を出しても、日本企業には改革報酬がないからだ。改革業務は、火中の栗として嫌われる。

必要なのは「一企業二文化」の運用

さらに難しいのが、静的／動的と言われる、状況対応能力の違いである。

ビジネスには計画が進行しやすく、予想の付きやすい静的な状況（スタティック）と、逆に計画が立たず、予想も付かずに振り回される動的な状況（ダイナミック）がある。日本企業は稲作の価値観を持っているために、安定的で予測しやすい状況を好む傾向がある。ところが開発支援サービスは取引先の意向、時の状況、運に左右されるため、常に予想が付かない。こういう安定しない状況を、日本企業の社員はひどく嫌う。つまり、「取引先の新製品開発が1年遅れたようだ」といった状況が苦手で、不安定な状況に慣れさせるのは難しく、意識改革を要する。

特に素材産業は巨大な製造プラントを運用しているので、曖昧な状況で自由に動いて結果を出すよりも、決まった規則を忠実に実行する人材が好まれる。素材製造（本体）と開発支援サービス（オマケ）では求められる企業文化が相互に違う。すなわち「一国二制度」と同じように、「一企業二文化」を同時に運用しなければならない。これは相互に監視し合い、因縁を付け合い、理念を確かめ合い、ひとつの文化で束ねることで成り立つムラの掟と一致していない。

こうして文化的に様相の異なる業務が発生すると、イノベーション・ジレンマが大きくなってしまう。この世界には「分析依存の罠」と呼ばれる現象がある。それは「分析すればするほど、やるべきでないという結論が得られる」という現象であり、その原因は未来を過少評価してしまう錯覚にある。日本企業は本業の文化を正しいとすることが多く、そこから派生する事業や業務は「離れた場所」として位置付けることが多い。ところが本業と違う事業に対しては、期待がないから必要以上に将来が暗く見えてしまう。これが常に投資過少とも批判される日本企業が、過剰に委縮している原因になっている可能性がある。つまり、日本企業は、自分たちの趣味に合わないビジネスを過大に悪く評価し、「分析依存の罠」に落ちやすい傾向を有しており、閉塞してしまうのである。

この素材産業のケースでいえば、変革後には応分のリターンがあり、実際に事業の方針を切り替えることで成長している事業者はいる。著しい成長を実現した東レ／富士フイルムが、その典型である。では、他の会社は変革を達成できるだろうか。もし自社だけではできないとして、では、日本のコンサル業界に変革プログラムがあるのだろうか。

変革プログラムには1割未満の成功確率しかないから、頼れる処方があるとはいえないだろう。つまり、通常であれば変革は不可能に近いケースになる。では、どうすれば良いのか？

規模の小さい組織ほど変革成功の可能性が高い

ここで一気に結論に飛ぼう。

推察するに、日本型経営に関する変革論には、幾つかの初歩的な原則を指摘でき、以下が現時点で見出せる結論ではないかと思う。

第一に日本企業は規模が大きくなると、変革できない。だから規模が大きすぎる場合はもう諦めて、潔く破綻するのが良い。当たり前だが1割しか成功確率がないなら、それは処方がないに等しい。どんな病気でも1割しか治らないというなら、普通は医者が頼りになるとは思わない。死ぬくらいなら1割の成功確率でも賭けてみるものだが、企業は破綻後にM&Aで処理されるだけだから、無理に治すよりも破綻した方が早い。

実は、自身は「さっさと破綻すれば良い」と考える淘汰論者である。なぜなら解雇という痛みを先送りにして、その代償がゼロなはずがないからである。解雇しないという見栄の筋を通せば、最後は破綻に行き着く。どうせなら徹底して解雇を避け、一気に経営破綻に至る方が〝武士道〟として正しい。途中で日和って解雇を始めるのは、むしろ日本人として筋が通らないではないか。かつての日産／日航／シャープ／東芝はこうして玉砕したが、あれで良いのだ。あとはオーナーが替わって、問題が一掃されれば話は収まる。全く難しくない。

逆に、もし変革を成功させたいなら、変革の規模が小さい方が望ましい。これは事業屋の直感にすぎないが、３００人以下の一事業部ならば勝ち目は高いような気がする。これが１０００人以上になると、それなりに難しいのではないか。そう考えると、社内ベンチャー／営業部／小さめの事業／子会社などは、やり方を慎重に選べば上手に改革ができる。また、「分割された変革」という意味では、どんなに大きな企業でも事業部単位に単位を分割すれば、いつかトータルで達成できる可能性はある。諦める必要はない。

特にチームという数10人までの単位ならば、ボトムアップ変革が早い。なぜなら働くのはチームの当事者だからだ。彼ら一人一人の意識を変え、行動様式を変えるなら、変にリーダーシップに頼るよりも、ボトムアップの方が早くて確実である。特に日本企業の場合はゲンバが強すぎるので、リーダー一人の指導力に頼るのは得策でない。

「ロバの組織」を「キリンの事業」に成長させる

この際に重要な視点は、「組織の背丈」である。これはパラダイムとして重要なので強調しておきたい点だ。

この国では解雇ができない以上、強引にでもゲンバの従業員を成長させる必要がある。説明のために図を使っているのだが、これを「ロバの組織」「キリンの組織」に例えている。

新規事業や新しい取り組みは現状の組織では対応できないのだが、しかし、日本企業の社員は現状と同じ能力でできると信じて疑わない。こうして真実の背丈はロバなのに、背伸びした先にある「キリンの事業」にぶつかって砕けている（左頁の図参照）。

例えば、過去の商品開発が2回連続で不調に終わったなら、それは現在の組織が有する「背丈」が足りないからだと理解すべきだろう。3回目は違う方法を試すべきであり、それは組織を成長させることである。

変革案件の難しいところは、要するに、変革後に成果を出せないからだ。

例えば、ある番組制作会社が、仮にテレビが無理だとして映画で稼ぎたいとした時、そこで稼げれば問題はないが、実際には稼げないから問題になる。それはテレビの世界と映

●「ロバの組織」を「キリンの事業」に成長させる

画の世界で、求められる組織の「背丈」が違うからだ。ここで米国の企業なら映画のプロをゴソっと引き抜いて、テレビの側でゴソっとクビを切る。ところが日本企業はテレビの側の人間を、どうにかして映画の側で育成しなければならない。つまり、社員各自にお辞めになって頂けない以上、メンバー自身に変わって頂く、自ら成長して頂く必要がある。すなわち、「解雇は嫌だ」とワガママを言いながら、「成長しません」という無理な道理は通らない。そんなにクビが嫌なら、さっさと成長するしかないのである。

日本企業の場合、（それが望ましいかどうかは別として）この「組織成長の達成」が変革のＫＰＩになっている。だから、例えば、プロジェクトメンバーの交換ができる方が有利であり、若手が多い企業の方が有利だ。メンバーが成長できそうなテーマの変革は勝算が高く、成長が難しい場合は勝率が下がる。もちろん、中途採用／組織変革サポート／研修／業務開発／オープン・イノベーションなど各種のサポートを投入するのだが、それを含めて、結果的に成長が達成されないと勝ち目がない。

逆に表現するなら、それが10名であろうと2000名であろうと、組織が成長できるなら勝てるだろう。勝算は人数の問題だけでなく、変革テーマの難易度も含めて、組織の成長余力に懸かっている。

「状況」を精密に調べれば勝算はある

第三に指摘できる原則として、変革の可能性は常に状況的だということだ。変革の状況にも、ビジネスモデルの再編／事業ポートフォリオの組み替え／組織の改革／業務の改革など多様な状況がある。官僚的な組織もあれば、ベンチャーのような組織もある。

こういった多様な要素は日本企業の場合は全て、時の状況で決まる。だから万物はケースバイケースで、調べてみないと分からない。実際にトップダウン／ミドルダウン／ミドルアップ＆ダウン／ボトムアップのどれが効くかは、その組織の置かれている状況による。あるいは、時の経営者による。変革のテーマによる。難易度によっても違う。どれが良いかは、個々のゲンバによって異なる可能性が高い。

「変革が重要」なのは、実は、どの組織、どの経営者も分かっていることが多く、そのタイミングは、状況次第である。あなたは「なぜウチの会社は変わらないんだ?」と日頃から思っているかもしれないが、経営レベルの層は昔からその必要は知っている。その中身／方向性／アクションも知っているか、ほぼ中身が分かっていることが多い。先に例を上げたKADOKAWA／素材産業のケースでも、同業者にいる経営者はその必要性や方向性はもう何年も前から知っている。企業変革とは、そういう世界だ。

変革というイベントは変革のマグマ／機運／運／時のタイミングを必要とするから、特定の誰かが始めましょうと呼び掛ける、個人の意思とはあまり関係がない。特に日本企業の場合は、リーダーらしい経営者はいないから、誰かの決断で変革が始まる可能性はほとんどない。全社的に「そういう雰囲気」になり、「場の空気を読んだら、今が変革だよね」という機運が満ちて、何年も前から燻ぶる社内世論の延長として、徐々に変革らしい状況になってくると始まる。

さらに、その進め方もまた「状況次第」で決まる。多くの人は「どうしたら変革ができるのか?」というお定まりの処方を欲しがる。まるでマニュアル／手順書／ゲームの攻略本のように、だ。とても安易に、その難病が一夜で治るかのように。

しかし、(技術論的な話として、特定のチーム単位の変革を除いて) この世界では事例や手順はほとんど意味をなさない。ある企業の変革事例は、その企業なりの「時の状況」が作り出しており、同業者である隣の企業には通用しないからである。ここでは市場の状況も、影響して来る。

例えば、いすゞ自動車が過去に変革できたのは、たまたまトラック業界で起こった当時の規制強化と、それまでに開発してきた新車のコンセプトが上手く噛み合い、大きなヒット商品が出たからだった。その販売成績の上昇気流に乗って、自家用車市場からの撤退と、トラック業界における事業変革に成功しているのだが、もし時期が外れていれば、変革は失敗していた可能性が高い。追い風が吹いたのは時の運であって、いすゞ自動車の社員、経営者自らの努力とは関係なかった。

実際、何かと因縁を付けるのが上手な日本人は、提示された事例と自社の微妙なズレに気が付くのが上手いから、事例を出してもどうせ誰も信用しない。「だって、それはその時の状況に、ヨソのムラの事情が合致したからでしょ?」という態度を示すが、その指摘は当たっている。日本企業は企業ではなくムラだから、そもそも相互に比較するのが難しいところがある。ましてや、強制的な執行力を持つ解雇/事業リストラ/M&A/経営者の解任という荒業を使わないのだから、ますます時の状況と、そのムラの相性で成否が決まる。

変革成功のキーは「状況！　状況！　状況！」

「状況！　状況！　状況！」――そう、日本企業に関する変革の全ては、状況次第だ。これは強調しすぎてもしすぎないほど、重要なポイントである。従って、最終的な結論として、現在の状況を精密に調べれば勝ち目がある。日本企業の場合は、変革プログラムを組む手前に来る「デューディリジェンス（Due Diligence＝精査）」が非常に重要になるのだ。徹底的に調べて変革に挑む作業が成功の確率を高める。

これを図にすると、実に日本的に（！）、本当にいい加減な絵になる（次頁の図参照）。米系企業の変革には型の決まったストラクチャーがあったことを思い起こしてほしいのだが、日本にそんな確たるものはない。全てがあいまいで、いい加減で、捉えどころがなく、状況変数が多い。これを徹底して精査することで、不確実性を減らすしかない。そして、その先に残るのは組織が成長する可能性の有無である。

●企業変革の様相（日本）

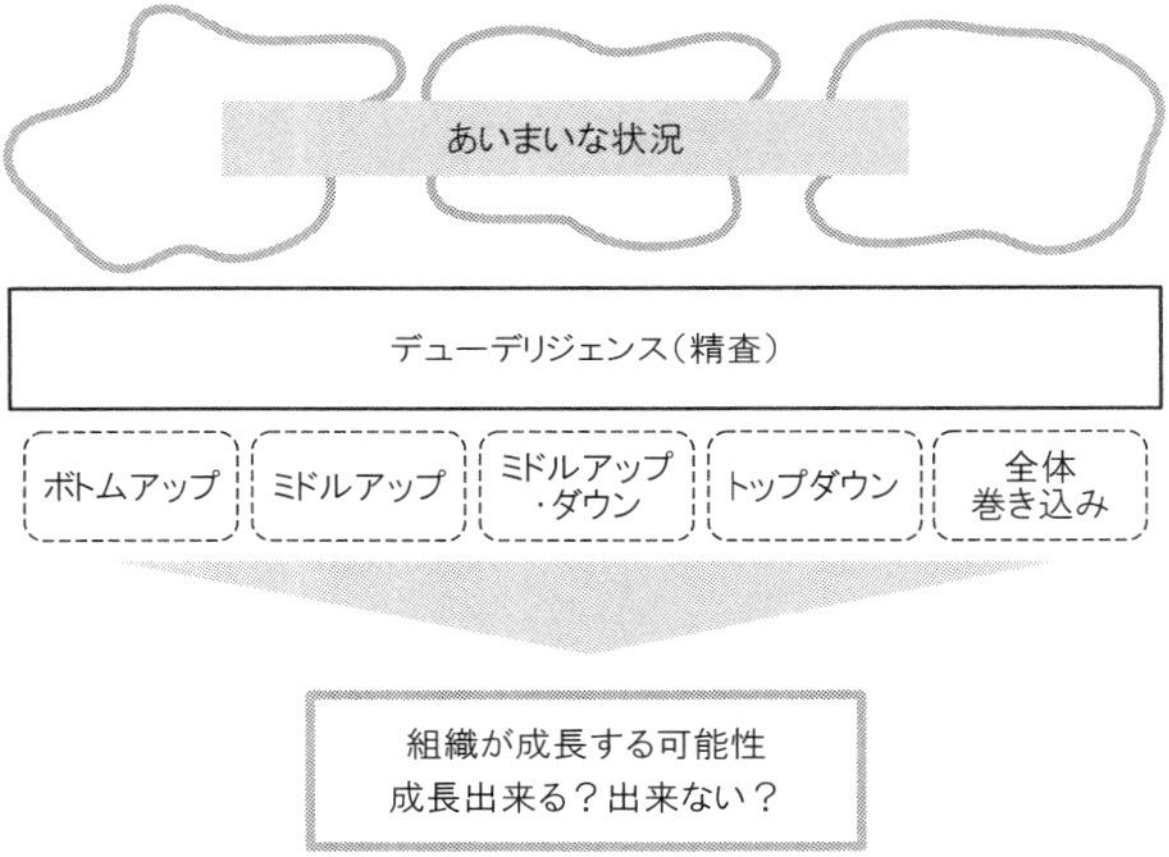
あいまいな状況
デューデリジェンス（精査）
ボトムアップ
ミドルアップ
ミドルアップ・ダウン
トップダウン
全体巻き込み
組織が成長する可能性
成長出来る？出来ない？

日本企業に漂う変革の機運

では、現在の日本企業は、どういう状況なのだろうか。傾向として変革が進む可能性が増しているのは事実で、ここには、幾つかの背景がある。

まず、新規事業の可能性が乏しくなっている事情がある。これまで大企業は新規事業への挑戦を免罪符に、自らの変革を怠ってきた。実際に伸びる市場の需要に乗って余った社員をそこへ移してしまえば、簡単に問題が解決したからである。

電機産業では、テレビが低調ならビデオデッキを売れば良かった。ビデオデッキが廃れたら、ガラケーを売れば良かった。しかし、ＰＣとスマホのあたりから新規事業の攻勢に特化したグローバル・ベンチャーに負け始め、今ではベンチャーの方が強くなりつつある。こうして国内市場が縮小して行く中、そう簡単に新規事業に社員を移し替えることができなくなっている市場は、電機産業だけでなく、他の市場でも数多い。

従って、旧来の大企業は既存のマーケットの中で変革し、新興のベンチャーと組んででも「変革後の残存者」を目指すしかない。好むと好まざると、それ以外に勝てそうな選択肢が消えているという訳だ。

さらに、これは仕事の問題として、変革の領域にしかもうパイが残っていないからだ。

これまで日本企業はゆでガエルを20年以上も続けてきた。ある意味、過去に誰も手を付けていないから、変革のパイはどっさりと残っている。これは業者である側の自身の見方にすぎないが、今の経営企画部に行って「変革がいりますよね?」と言って、興味を示さないスタッフはいない。つまり、「そろそろ変革の時期だよね?」という空気だということだろう。さらに、変革のタイムスケジュールに締め切りを与えるテーマが、財政破綻である。

わたしは企業と取引している業者だから、当然、変革運動が起こると見て準備を進めてきた。つまり、こういうセールス・トークが成り立つようになっている訳だ――「財政、そろそろ危ないですよね。そう思いませんか。財政が破綻したら御社も難しいのではないでしょうか。業界も全社が無傷という訳にはいかないでしょう。そろそろ何か変えて、先のことを考えないとまずいのではないでしょうか。」――この話題に、興味を示さないで済む企業は、そう多くない。

今あなたにできること――迷わず変革プロジェクトに関与する

もしあなたが「変革できる」と期待できる企業にいるのなら、迷わず変革プロジェクトに関与することをお勧めしたい。なぜなら、将来のエースがここに投じられる可能性が高くなっているからである。企業は常に、次の世代の出世頭をテストしながら育成し、選抜の上昇気流に乗せるために「旬な」プロジェクトに有望な人材を登用してきた。20年前なら、それは新規事業開発だった。10年前なら、グローバル進出だった。だが、これからは変革プロジェクトがその舞台になるだろうと予想する。

御社において変革プロジェクトができそうなのは、今後の10年である可能性は非常に高い。もし逆に今後10年、変革がないというなら、10年後には勤め先が消えているか、どこかに買収されているか、賃金が下がっている危険がある。繰り返すがそれは市場が縮小する一方で、多くの市場においてオーバーストアが起こっているからだ。

ここまで述べてきた内容を要約すると、「日本企業は遅れている。変革を実現する時。↓しかし、変革は常に状況的である。↓変革に成功したいなら、組織を成長させなければならない」であった。

では、具体的にどうしたらいいのか？　――ここからは、具体的に日本企業を変革させる方法について説明したい。

少し複雑な説明になるので、①思想、②原理、③プロセスの順に分けて解説する。なお、このプログラムは企業変革を得意とする某大企業と協業しながら、徐々に開発されてきた。残念ながら協業先の大企業の名／やっている作業の中身／先方の守秘事項やサービス内容は明かせないが、当社だけの仕事ではない点、ご承知おき願いたい。

日本企業を本当に変革する方法

①日本企業を変革する思想

過去、欧米にも企業変革理論は存在し、幾つかのパターンがあった。主要なものが二つあり、ひとつは変革プロセス・モデル、もうひとつはバランスト・スコアカード（BSC）だ。

変革プロセス・モデルとは、社内に変革事務局を設置し、変革が進捗しているかを監視し続け、現場にフィードバックする仕組みを作る。社外から来たコンサルを監視員に設定し、3年といった長い期間、ゲンバに口を出す方法だ。原理的には戦略の貫徹を目指すので、戦略を起点とした欧米型トップダウン変革を補完する手法である。だが、これまで長く試行されてきたが、上手く行っていない。成功確率が10％だとNRI自らが認定している分野なのだから、この方法が優れているとは思えない。

BSCも同様に、原理的には戦略の貫徹を目指し、戦略を組織に実行させるための手法だ。だからBSC自体は戦略を指定しない。あくまでも戦略が事前に準備された中で、やはり戦略を起点とした欧米型トップダウン変革を補完し、特にROEを代表とした財務成績の向上にこだわる。

ＢＳＣは90年代から00年代にかけて流行ったが、現在でも本気でＲＯＥを向上させようと頑張っている企業は少ないのではないか。最も日本企業に合致しないのは、ＲＯＥ（株主資本利益率）やＥＢＩＴＤＡ（利払い前・税引き前・減価償却前・その他償却前利益）を最終的なゴールとする点である。

言ってしまうと身も蓋もないのだが、日本企業に数多く潜伏する社内失業者を一斉に解雇すれば、財務値は一発で簡単に良くなる。こんな単純な話は、経営の関係者なら誰でも知っている。

日本にある大企業のＲＯＳ（営業利益）は平均４％代と言われるが、欧米では７％に上がる。その３％の差は、社内失業者に給与を払っているからである。これだけ明らかに見え透いた事情がある中で、ＢＳＣがゴールに指定する財務値の達成に邁進するのは難しい。事実、日本企業はＢＳＣを試してはみたが、その中でも使い勝手の良いＫＰＩ（主要業績評価指標）というツールを残して、ＲＯＥの話は忘れてしまったようだ。

このように、雇用を至上目的とするムラの本能は、つくづく執念深いと呆れる。見ていていつも感心するのだが、日本企業は自身の本能に合致しない経営手法を無視し、都合よく記憶をリセットして自らの原点に帰って行く。過去にあったＤＣＦ／ポートフォリオ経営／戦略トップダウン／ダウンサイジング／成果主義等、一度は学習されて試行されるも

の の、雇用に対して不都合な理論はいつも定着していない。

日本企業の事業目的は「組織の成長」

事業開発を支援する側にいる立場から見れば、過去の失敗したトライアルにもう一度挑戦するのは賢明でない。そこで、我々は「組織成長モデル」と呼んでいる違う方法で対処することにした。その概念は、次のようなものだ。

左ページの図にあるように、「変革モデル／ＢＳＣ」は、トップダウン経営を基軸とし、最終的に解雇が伴う場合に機能する。ＲＯＥを持ち出せば、その最大化の方法に解雇が含まれるので、ＲＯＥをアウトカムに指定した時点で既に解雇含みなのだ。この際には戦略を使って現場に圧力を掛け、組織全体を動かす。しかし、これはムラの雇用至上主義と、明らかに合わない。

日本企業は企業とは認められないので、ムラだと解釈するのが妥当だ。それが望ましいとしている訳ではないが、ここ20年の現実を見れば、実態の側がファクトである。この場合、期待するアプトプットをＲＯＥに指定するのは妥当ではなく、「組織の成長」を設定しなければならない。組織が成長すれば、解雇を防げるからだ。また、こうして組織を成長させれば力が付き、最終的に利益につながる。つまり、解雇防止をまず前面に押し出し、

●変革における欧米／日本の違い

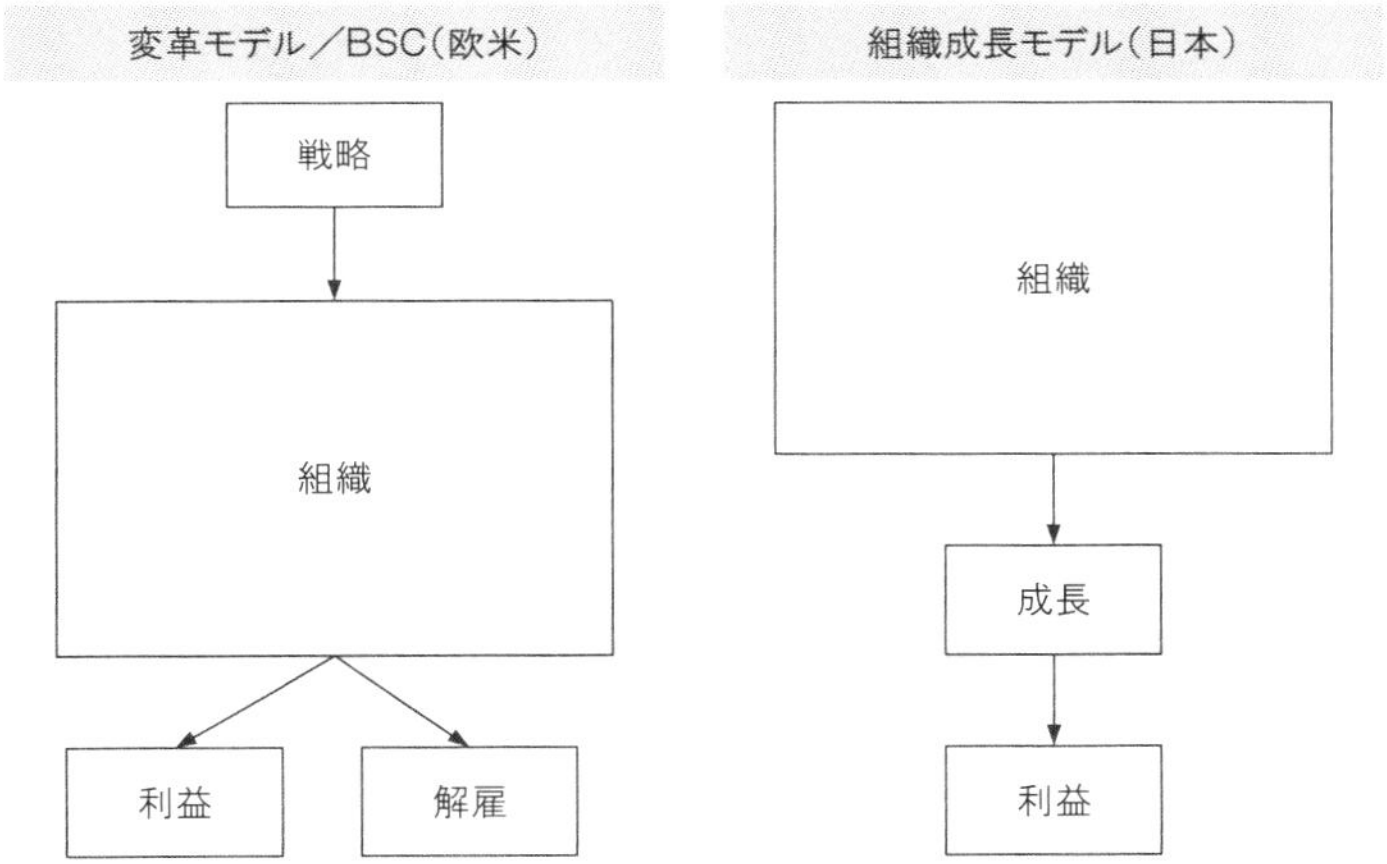

その後に利益を得る概念を採用した。これは従来とは180度、違うモデルである。

労使を問わない、ほぼ100％の社員が雇用に強く期待を持つのだから、ムラ最大の関心事にフォーカスを合わせないと組織の力が発揮できないというのが、この理由である。要するに、利益のために頑張る社員はいないが、自身の雇用のためなら頑張れるという単純な理屈だ。

確かに社員が株主配当を受け取る訳ではないのだから、ここには一定の合理性があるようにも思える。逆に、欧米のようにROEのために団結する社員というのも、考えようによっては奇妙な話だ。彼らは、そこに疑問を感じないのだろうか？

「雇用は利益に優先する」を認める

実は、日本型経営の変革に対する処方が見つからないのは、株主利益／雇用の順位の入れ替えを、各方面の専門家が認めて来なかったからである（左頁の図参照）。

しかし、雇用が先か、利益が先かは必ずしも絶対に決まっている訳ではない。確かに標準的な経営学は株主優先で理論が構成されているが、市井でヒットしたビジネス書や経営指南書、特に経営者自身が書いた指南書には、むしろ雇用優先だから上手く行くとしているものが多く、標準的な経営学の教えに反している。

いわゆる「人財論」、「社員にやさしい経営」、「大事にしたい企業」等の〝諸説〟は、欧米的な学説からすればノイズであり、邪教だろう。利益を放棄して社内失業者の存在を肯定しているからである。逆に日本の側から見れば、欧米の経営理論は経営者と従業員の間にある巨大な経済格差と搾取を肯定し、社会の崩壊を誘導する反社会的な邪教である。しかし、両者の差は思想の違いだから、どちらが良いとは簡単に断定できないところがある。ただし、市場で競争すれば力の強弱はある。今のところ日本側が劣勢だが、これは変革を通じて強くしてゆくしかないだろう。

ここで表現する雇用優先の概念を専門的に解釈すると、おそらくは、経営課題として組

●経営上の優先順位を入れ替える

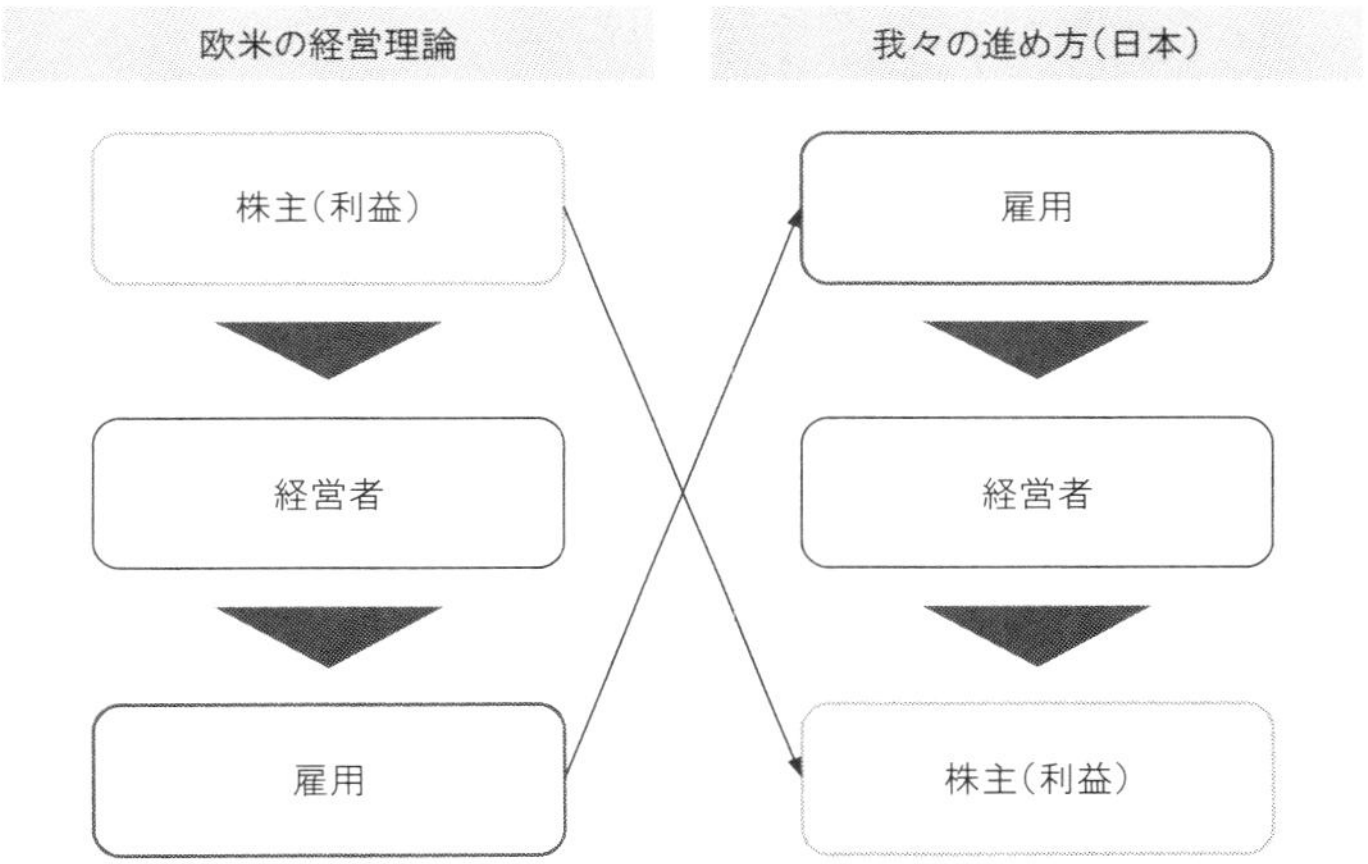

織力の強化を優先していると考えられる。

つまり我々は、これを企業の持つ能力として「利益最大化戦略が先か。組織成長が先か」という問いに置き換え、組織成長の側を選んだ。従来の常識を捨て、優先順位の入れ替えを認めた訳だ。この点に関して、わたしは自身の会社を「コンサル業界初の思想転向企業」と自ら揶揄している。低価格でサービスを提供する業界破壊を率先しているせいもあるが、思想的にも欧米型経営の限界を知って、優先順位の入れ替えを認めたからだ。

正直、日本企業の頑強さの前に、欧米型経営学の常識は役に立っていないと認めざるをえない。先に日本型経営のシナリオ分析を提示したが、雇用ルールの変更に対して、日本人は半世紀以上にわたって執拗に抵抗してきた。

日本型経営への挑戦では、過去に4ラウンドも防衛している。この調子では、「5ラウンド目に変わる」ではなく「変わる見込みがない人々」だと諦める方が賢明だろう。コンサル業界も日本型経営に対して、欧米理論の変形／修正版を日本企業に勧めてきたが、基礎の原理が欧米流なので、上手く行っていない。従って、出発点から抜本的に発想を変えないと出口が無い、というのが自身の見解である。

当社は経営学を道具として使う立場にすぎず、どのタイプの道具かにこだわる理由はない。ゆえに固執する必要もないので、実態を鑑みて転向した訳だ。異なる表現で言うなら頑強に雇用に固執する日本人に、商売としてROE経営をお勧めしてもどうせ売れない。しかも売れないだけでなく、薬としても効かないのだから意味が無い。ヤブ医者みたいな商売は嫌なので辞めた、という当たり前の話でもある。

日本人は世界で特異な存在

本題に戻ろう。ここで我々が選んだ命題は、正しいのだろうか？　間違いだろうか？

――しかし、わたしはそこに関心がない。なぜなら過去に戦略／株主／利益優先の処方は試し尽くされたが、良い結果が出ていないからだ。仮にそれらが正しかろうと、結果が出ないのではやる意味が無い。逆に、我々のアプローチがもし間違っていようと、結果が出ればそれで構わない。

専門家として冷静に見ると、おそらくはどちらも正解であり、企業によって最適解が異なるように思われる。企業体質として「利益優先VS雇用優先」の企業の比率が、欧米では9対1で利益の側に傾くのに対し、日本では逆の1対9になっているのだろう。これは「日本型経営は世界の奇習」であり「経済学の標準から外れている」という先の指摘と同じ話でもある。ゆえに正誤の問題というよりは、メジャーかマイナーかの話に見える。日本型経営の根底にはムラのDNAがあるが、要するに、日本人の考え方、趣味、価値観、ムラの歴史が、世界全体から見るとマイナーな存在なのだ。

最終的にまとめると、我々は「日本企業は雇用優先であり、そのために組織の成長を目標とする」と、理想論ではなく実態として認めた。理論的に正しいかどうかに固執する気はなく、現実問題として日本企業の変革に必要な思想として、この発想を採用している。

変革にはソーシャルサポートが必要

②日本企業を変革する原理

次に、組織が成長できる原理を説明したい。大別してその原理は、二つから成る。

最初の原理は、ソーシャルサポートという名前で知られている。ソーシャルサポートとは、変革が求められる組織に対して、コーチしてくれる伴走者を付ける仕組みだ。

先に「変革が必要な場合は、自社でビジネスプランニングをしてはならない」と説明したが、これは自社でやるとお手盛りが防げないからだ。これと同様に、組織が成長し、変わりたい時に身内だけで作業するのは無理がある。

これに似たイメージは、ゴルフのレッスン、あるいはテニス、スキーでも同じだが、フォームを作ったり矯正したりする段階だ。本人がどう努力しようと、本人の力でフォームは直せない。自己流でやる限り、いつまでもフォームが曲がったままなのと同じで、組織の成長／変革には第三者が必要である。

例えば、組織の成長が、ある商品開発チームに求められたとしよう。しかし、従来のやり方が正しいのか、正しくないのかを決めるのは、身内同士の判断では難しい。なぜなら一番偉い人／声の大きい人の意見が通れば、それで決まってしまうからで、そこには客観的な基準がない。これは営業チームのみならず営業、クリエイティブ、ソリューションといった他の分野のチームでも同じ話になるだろう。身内で話し合う以上、お手盛りとまでは言わずとも、従来の価値観の上に乗った過去の延長にしか話題は行かない。

要するに、身内同士でできるのは現状の肯定や強化であり、成長や変革が実現されるには、あまりにも時間が掛り過ぎるのである。

ゲンバの実戦にカネを出すのが得策

日本企業は何にカネを出すべきか？　と聞かれれば、わたしは迷わず「ゲンバ組織の成長」と答える。その中でも特に、研修ではなく実戦の支援にカネを出すべきだと考える。多くの経営者は今でも誤解しているが、戦略策定にカネを出しても、日本企業の場合は解雇をしないからあまり効果が無い。戦略とはつまり、トップダウンで命令を隅々まで行き渡らせる行為であり、社内の抵抗が無いか、弱いことが前提である。しかし日本企業は解雇をしないうえに成果主義でないので、幾らでもゲンバの側で面従腹背が可能だ。この構図でトップダウンの命令書の作成にカネを投じても無益に終わる。

また、多くの企業は研修で組織を成長させようと頑張っているが、オフＪＴ（講習会や研修による職場外訓練）で講座を学んでもたいして賢くならない。現代ではネットを検索すれば、知識は幾らでも手に入る。形式知の収集コストが下がり、経験知の比重が大きくなっているのだから、座学にはあまり意味が無いのである。

逆に、成功体験を積ませる方が重要であり、ビジネスの世界では実際に現場で奮闘した経験が大きい。新規事業は学習の場ではないが、人を大きく育てるのは事実だ。ならば現場の実行支援にソーシャルサポートを充てる方が合理的である。

実際に研修業界でみられる現象として、研修会社が提供するアクションラーニングが、ビジネスの実戦ではまるで使えない限界が象徴的だと思う。研修会社は新規事業の提案、イノベーションの提案、社内改革等の課題を社員に与え、自発的に社員にプランニングさせる講座を提供してきた。しかし、その後の実践につながる企画はほとんどないどころか、ゼロに近いと幾つかの業者から聞いている。この事実は、研修はどこまで行ってもお遊びであり、成功体験を育成できない事実を証明している。

どの分野でも同じだと想像するが、お遊びを10回繰り返したところでプロになるのは難しい。プロにはプロの鍛え方があり、それが実戦におけるＯＪＴだ。実戦が人を育てるのである以上、そこに掛けるカネがゼロ円で、研修と戦略策定にカネを出すのは、あまり賢い買い物には思えない。そんなカネがあるなら、組織の成長をサポートする側に支出することをお勧めしたい。もちろん、研修やアクションラーニングが不要だという話ではない。我々の場合、これらを実戦の中で手掛ける。その効果が最も高いからだ。

「プロセス×レベルアップ」で組織が成長する

二つ目に挙げられる原理として、実際のソーシャルサポートは次のようになっている。まず、左ページの図にあるように「レベルアップ（教育）」と「プロセス管理」を組み合

●ソーシャルサポートによる組織の成長

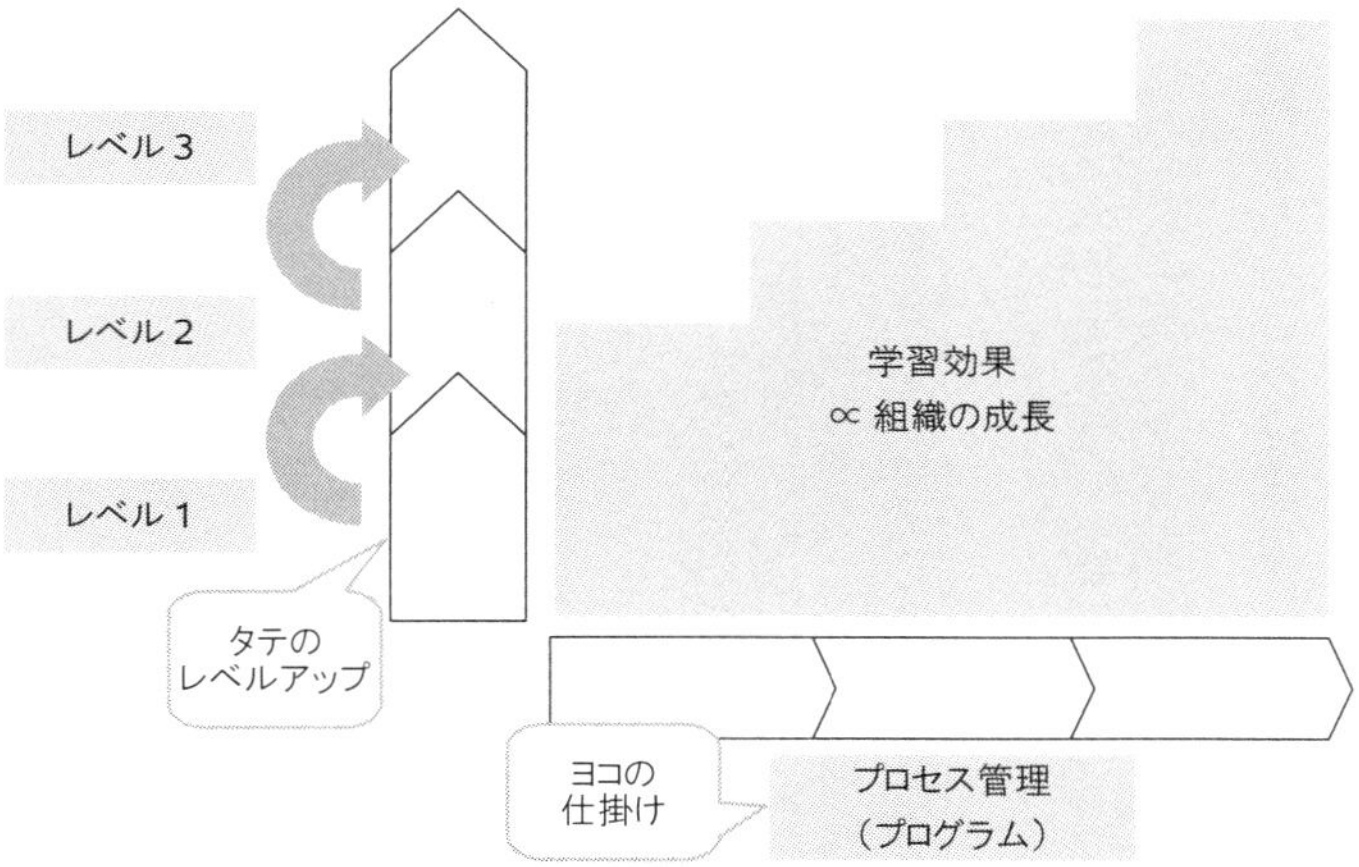

わせ、そこで作られる掛け算が、教育効果、すなわち、成長の実現力になる。横方向のプロセス管理は、「ヨコの仕掛け」とも表現できるもので、ＰＤＣＡの監視／成果管理／計測／進捗管理／プロジェクトマネジメント等が含まれる。物事の過程を見える化（可視化）し、計測しながら、節目ごとの完成度をコントロールする。工事における工程管理／大学受験のための塾における習熟度の管理の組織バージョンであると考えればよいだろう。

　タテの方向には、演習／講義／コーチング（指導）／企画の監査／実践等を通じて、ゲンバの実戦で勝つために段階的にレベルアップを図っていく。座学と何が違うかというと、これはもう実戦だか

●営業分野のレベルアップ

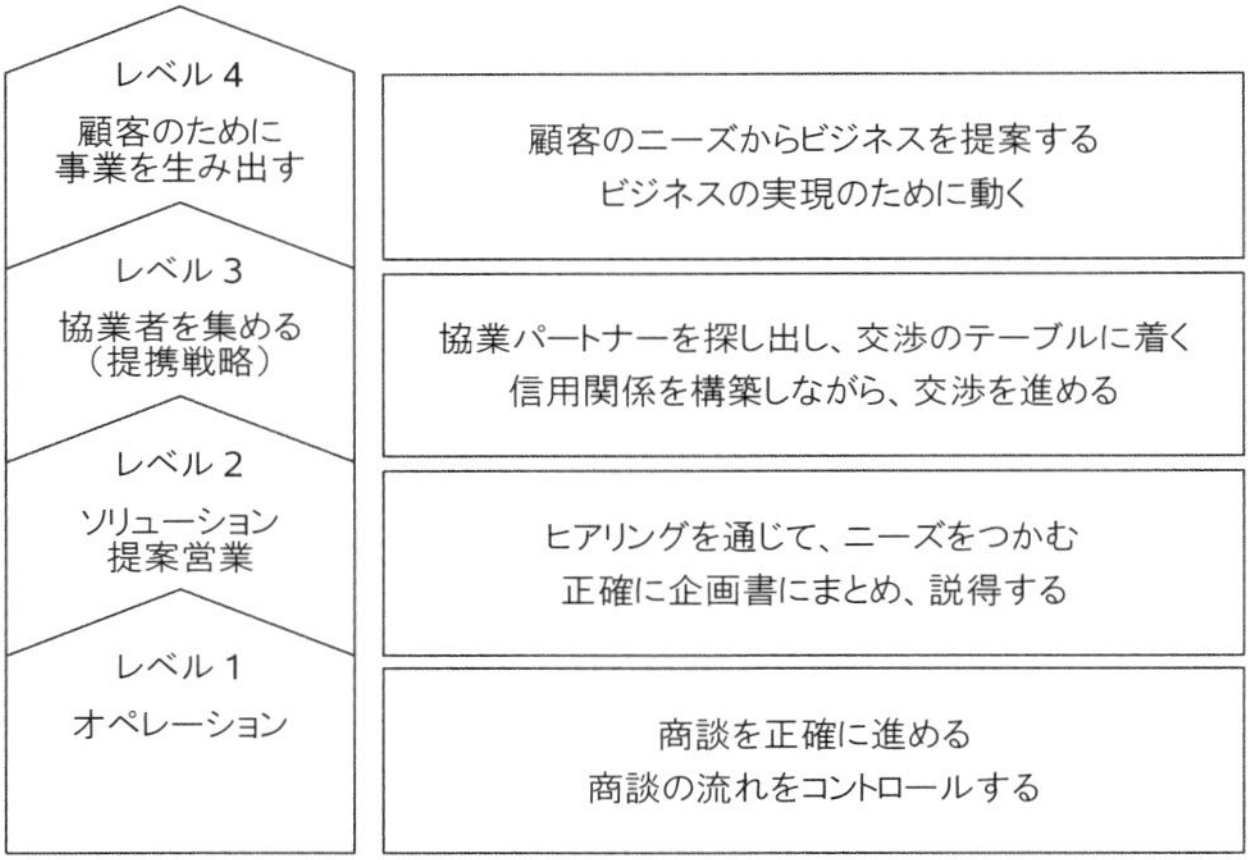

レベル4 顧客のために事業を生み出す	顧客のニーズからビジネスを提案する ビジネスの実現のために動く
レベル3 協業者を集める（提携戦略）	協業パートナーを探し出し、交渉のテーブルに着く 信用関係を構築しながら、交渉を進める
レベル2 ソリューション提案営業	ヒアリングを通じて、ニーズをつかむ 正確に企画書にまとめ、説得する
レベル1 オペレーション	商談を正確に進める 商談の流れをコントロールする

ら、次の提案／次の商品開発／来期のアクション等のために必死で学び、結果を出さねばならない点だ。

　このレベルにはグレードが定義され、ひとつグレードが上がるために必要な知識／スキルを事前に用意し、本当に全員ができるようになるまで指導する。

　レベルアップの定義は業界／チームによって変わるが、各チームのもつ性質から、レベルを定義することはできる。上にある図は、営業関係のレベルを非常に単純な精度で図式化したものだが、営業といっても単なる御用聞きから高度な協業提案／M&Aの事前交渉／事業の共同開発など、上から下までピンキリである。

　組織全体でレベルを上げるためには、レベルを定義し、向上のために必要な演習／講義／コーチング（指導）などを、逆算方式で充てればよい。こうして「タテのレベルアップ（教育）」「ヨコの仕掛け」を組み合わせ、育成対象のチームを実戦で養成するのである。（右頁の図参照）

そんな簡単に結果が出るのか？

読者の多くはこう思うに違いない。「そんな簡単に結果が出るのか？」と。まるで禅問答のようだが、この問いはある意味正しく、ある意味問いとして正しくない。

先に説明したように、日本企業の変革は、全て状況次第である。少し考えてみてほしいのだが、この組織開発モデルは欧米流の変革モデルとは全く一致していない。戦略が起点でもなければ、トップダウンともいえない。解雇もないし、ビビッドに企業に大変革を起こすショック療法でもない。ぬるいと言えば、ぬるいのだ。

ゆえに問いに対する返答は、二つに分かれる。第1の返答は、「状況が良くないのなら、最初からやらない」だ。第2の返答は、「消去法で、やるしかない」である。第1と第2の返答は、要するに、始めるタイミングと達成時期に帰着する。

日本企業はタイムリミットを嫌う傾向があり、漸次的な学習戦略を好む。先に説明したように、大企業の社長であろうと期日は守らないし、成果にコミットもしない。この文化には明らかな欠点がある。それは達成できる時期がいつなのか分からないことだ。

逆に時間の制約さえ除いてしまえば、持久戦の形でいつまでも継続できる。なぜならプロセス管理の中には習熟度の計測が入っているから、粘り強く「できるまでやる」を繰り返せば、いつか達成できるからだ。長期雇用の社員も、悠長にこの努力に付き合うだろう。

しかし、これは仕方のないデメリットでもある。欧米型の経営は、期日と成果にうるさい。だから急性改革を実現するために人員を解雇し、中途採用で入れ替える。こうすれば明らかに時間が掛らないが、代わりに組織の団結力は弱く、社内は政治的に混乱しやすい。日本企業は組織の団結力は得られるが、落ちこぼれを出せないためにどうしてもレベルアップに時間が掛る。しかし、手間は掛るが社内の政治的な負荷は少ない。つまり、双方に一長一短がある、

もちろん、組織開発モデルの欠点を補わないことには、使い勝手が悪いことを認識している。そこで登場するのが、最後の③プロセスである。

変革のリスクを計測する

③日本型経営を変革するプロセス

組織開発モデルの場合、組織の成長がゴールなので戦略を貫徹するという発想は持って

いない。戦略の貫徹が可能かどうかは、戦略の側で決められないからである。

今いる人員で変革を進めるしかなく、事業売却／雇用リストラは禁じ手になる。ならば、現有の組織が有する成長キャパシティで戦略実現の可能性は決まってしまう。

成長キャパシティが足りる／足りないは、社内の抵抗力と、顧客から来る課題のハードルの高さで決まる。つまり、社内の抵抗は小さい方がいいし、顧客からの要求は低い方がいい。逆に両者の条件が悪いと、組織の成長キャパシティを超えてしまうので変革はできない。従って、組織のもつ能力に対してどれくらい要求がハードなのかを計測する仕組みが必要になる。そこで、変革の手前でリスク評価システムを構築し、「状況」を計測するツールを開発し、「変革推進デューディリジェンス」と名付けた。その仕組みは、こうだ。

まず、変革プロジェクトをひとつのビジネス・チームであると見なす。ここでもし全社を変革するとしたら、「ビジネスチーム＝全社」になってしまうから、ビジネスチームは常に企業全体の中の少数派でなければならない（ここにはひとつの制約があり、我々は大企業の全社を一気に変えることはできないと考えている）。

この変革チームは、人事部／マーケティング部／知財部／経営層／他の事業部といった社内の様々な機関と日々交渉している。これらとの交渉を「取引」であると考え、その取引リスクを評価する（次頁上段の図参照）。リスクが高いということは、要するに、その相手にとって不都合で、抵抗してくる可能性が高いということだ。この考えを社外の取引先

●変革に伴う「取引」のリスク

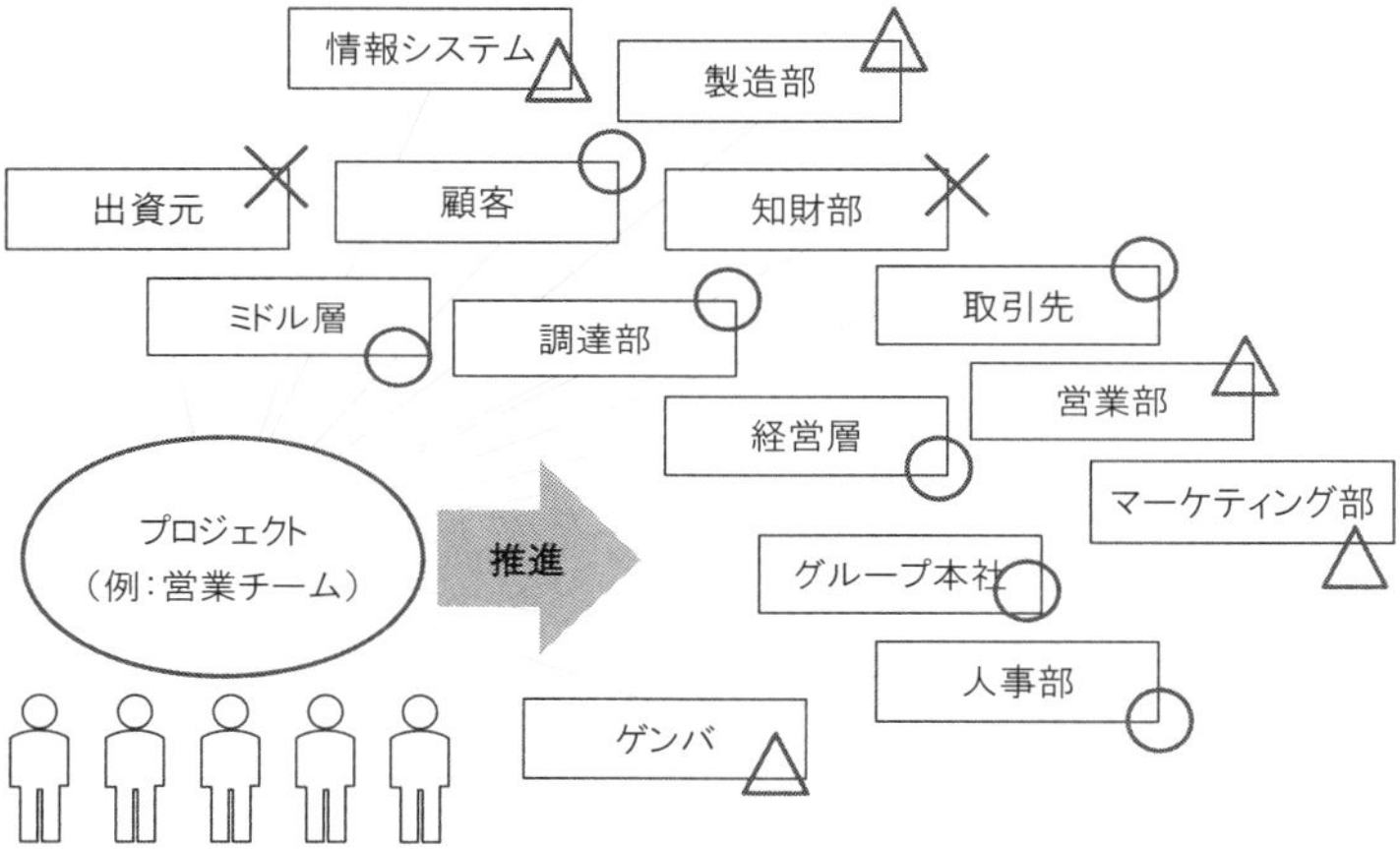

●「組織の背丈」を伸ばして変革する

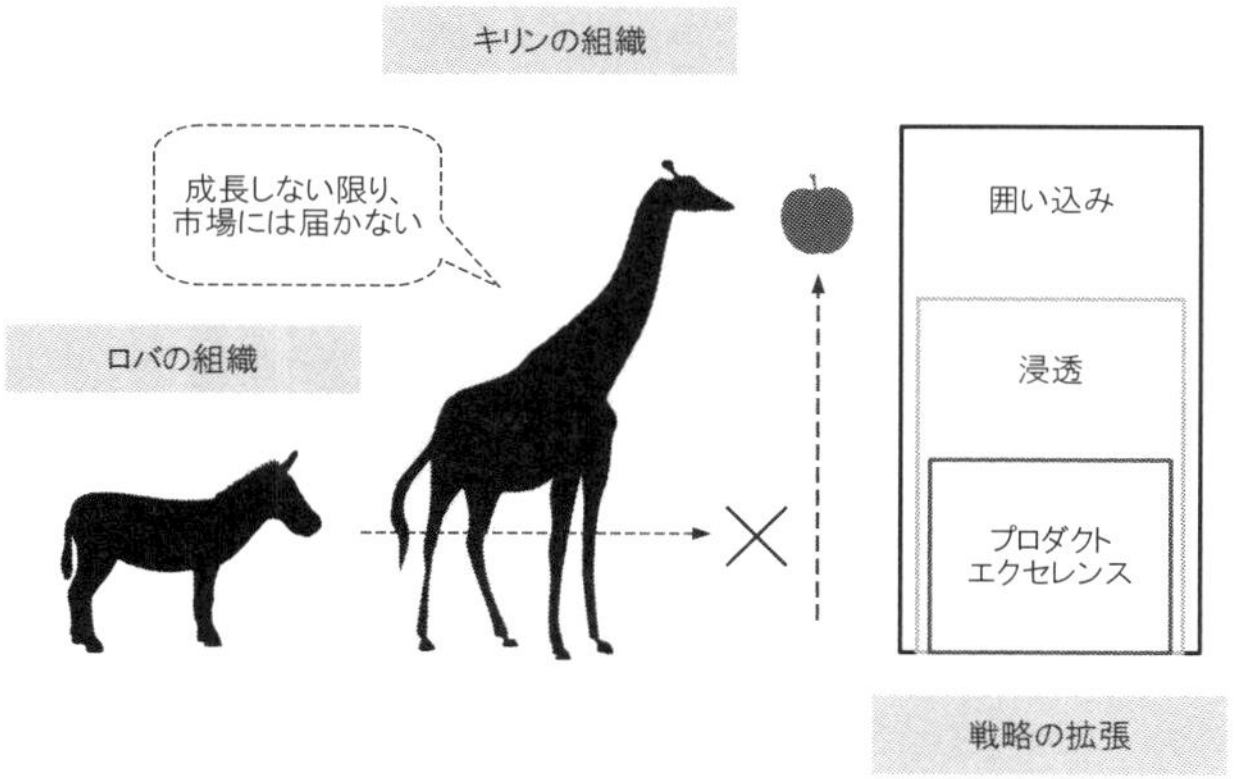

／顧客にも適用し、プロジェクトがどのような「取引」においてリスクを抱えているのかを、個別に計測する。

では、具体的に何を計測するのか。それは「理想との現実のギャップ」だ。

企業が変革するための原理は「ギャップ」の克服にある。

右ページ下段の図のように、先に例に挙げた素材産業で起こっている戦略シフトは、組織としての背丈が伸びないと、新しい需要に手が届かない。具体的には、これまでやって来なかったとしても、これからは客先の工場で歩留まりを上げるアドバイスを提供し、一緒に客先で新商品を考え、実験やデータ提供を支援する。ビッグデータの合同解析プロジェクトを提案したり、特許をシェアする。これは通常の営業マンの業務を超えた協業であり、従来の文系出身のセールスマンにはできない、エンジニアにのみ実行が可能な手法である。

ここで、多様なギャップをもれなく計測するために、当社では巨大な技術データベースを使う。このデータベースには経営学のコンセプトが大量に収録されており、トピックス数や用語数で言えば、万単位の膨大な目録が構築されている。このデータベースをゼロから100まで精査し、「質問起点」と称する質問のカタログを数百点抽出し、これと客先で作ったビジネスプランを突き合わせることで、あらゆる事柄に関する質問を見出す。

この質問票をプロジェクトメンバー数10人～100名超、新人から取締役まで、匿名ア

●「変革推進デューディリジェンス」の概要

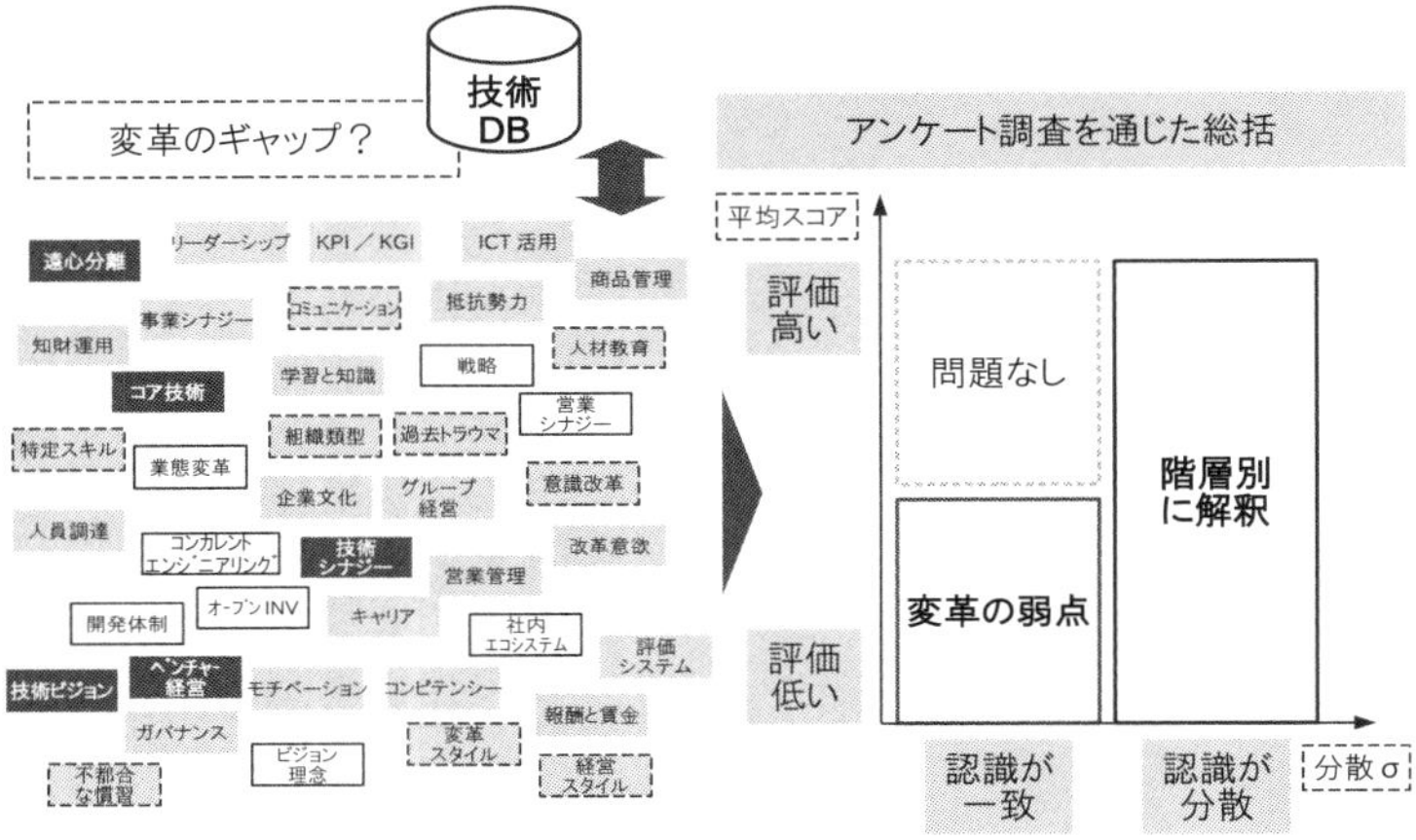

ンケートの形で回答して頂くことによって、集合知としての「変革の弱点」を発見する。この方式なら、漏れなく変革の弱点が見出され、具体的な数値や記述として、変革の障害物をあぶり出すことができる（上図参照）。

「変革の弱点」に先手を打つ

こうして見出された「変革の弱点」はレポート形式で報告される。この時点で、組織の成長キャパシティに見合ったリスクなのかどうかが判定できる。リスクがあまりにも大きいようなら、変革プロジェクトは停止することが望ましい。逆に、リスクを取れると考えるなら、弱点を補うべく対策を講じる。企業が変革する際には、必ず抵抗運動がある。その抵抗運動を取り除けるかで、勝負は決まる。だからボトルネックを解除するために、先手を打って対策を講じるのである。

この社内の抵抗運動に関しては、二つの状況がある。第1の状況は、「変革が嫌なのではなく、話がよく分からないうちにこじれているだけで、抵抗しているのではない」というシーンだ。確かに、日本企業のセクショナリズムは欧米企業ほどひどくないので、「話せば分かる」という和の精神でうまく穏便にことが進むケースは多い。つまり、抵抗運動が存在するというよりは、抵抗が〝生じてしまう〟と表現した方が良いだろう。

例えば、こういったやり取りは法務部／知財部などのセクションに多く当てはまる。法務部／知財部などは保守的な方向で事業部に返答することが多いが、それは案件リスクを上手く説明できていないからであることが多い。よくよく話せば、彼らも協力してくれるのだが、頭合わせに少しばかり手間が掛るケースだ。このような場合、話は技術的なものなので、手順を間違えなければ抵抗運動には発展しない。これは他の事業部との関係についても当てはまる傾向である。

第2の状況は、「反対する人は、何を言っても反対する」というシーンである。この手の抵抗には、典型的に重役会が当てはまる。重役A／重役Bさんの間に見解の相違があり、両者が一致しないケースだ。例えば、ある事業ドメインの変更を認める／認めない、特定の大型案件を承認する／しないなどで意見が割れる。

欧米ではこういった社内政治的な紛争に関する「裁判」を開く機関として、コンサルティングファームが機能している。だから欧米系の戦略系コンサルティングファームには、これでもかというくらい権威のある人員がヘッドハントされている。日本で言えば、東大医学部卒、米国名門大MBA保有者、日銀OBなどで、欧米の定石は、ベーカースカラーと呼ばれる名門NBA上位卒業者証書だ。これは官庁の間にある「国家I種合格第○位」という箔付けにも似ている。こうして最終的に「このコンサルタントの言うことなら、従っても良い」と、えてして傲慢で他人の言うことを聞かないワンマンタイプの重役に言わしめるために、裁判官たる箔付けを重視しているのだ。問題は、この裁判の判断が時に間違っていることなのだが……（この問題について紙面を割くことはできないため、拙著『コンサルは会社の害毒である』を参照されたい）。

本書が指摘したいのは、技術的な抵抗は取り除けても、政治的な抵抗を処理するのは難しいという事実である。従って、政治的に大きなコンフリクトを取り除けないなら、変革への挑戦からは撤退した方が良いだろう。残念ながら、政治的なコンフリクトの解消に日本のコンサル業界は昔も今も太刀打ちできていない。日本企業はムラなので内向き志向が強く、「社外の人間の意見など、アテになるか！」で終わりになってしまうところがあるからだ。ましてや、社内の政治力で穏便にことを運ぶのは難しい。欧米のように、業績不振から株主が経営者が強制的に解任されることもない。

このような政治的にもつれたケースでは、簡単に言うと、「首をすくめて、数年後の政権交代を待つ」のが賢明だ。だから、日本企業の変革は、「状況！　状況！　状況！」なのである。風向きが悪い日に、わざわざヨットで冒険に出ることもなかろう。

日本企業のゲンバは「カラダでっかち」

変革リスクを評価した後は、先に解説したように、プロセスと教育を同時にかけ合わせながら組織全体を成長させてゆく。もちろんプロジェクトの当初から戦略を描き、ギャップを計測し、その後の実行計画を練り、組織の成長を実現まで持って行くのは、単純な芸当ではない。相応に複雑であり、精密な作業を連続的に消化しなければならない。これは

●変革推進プログラム

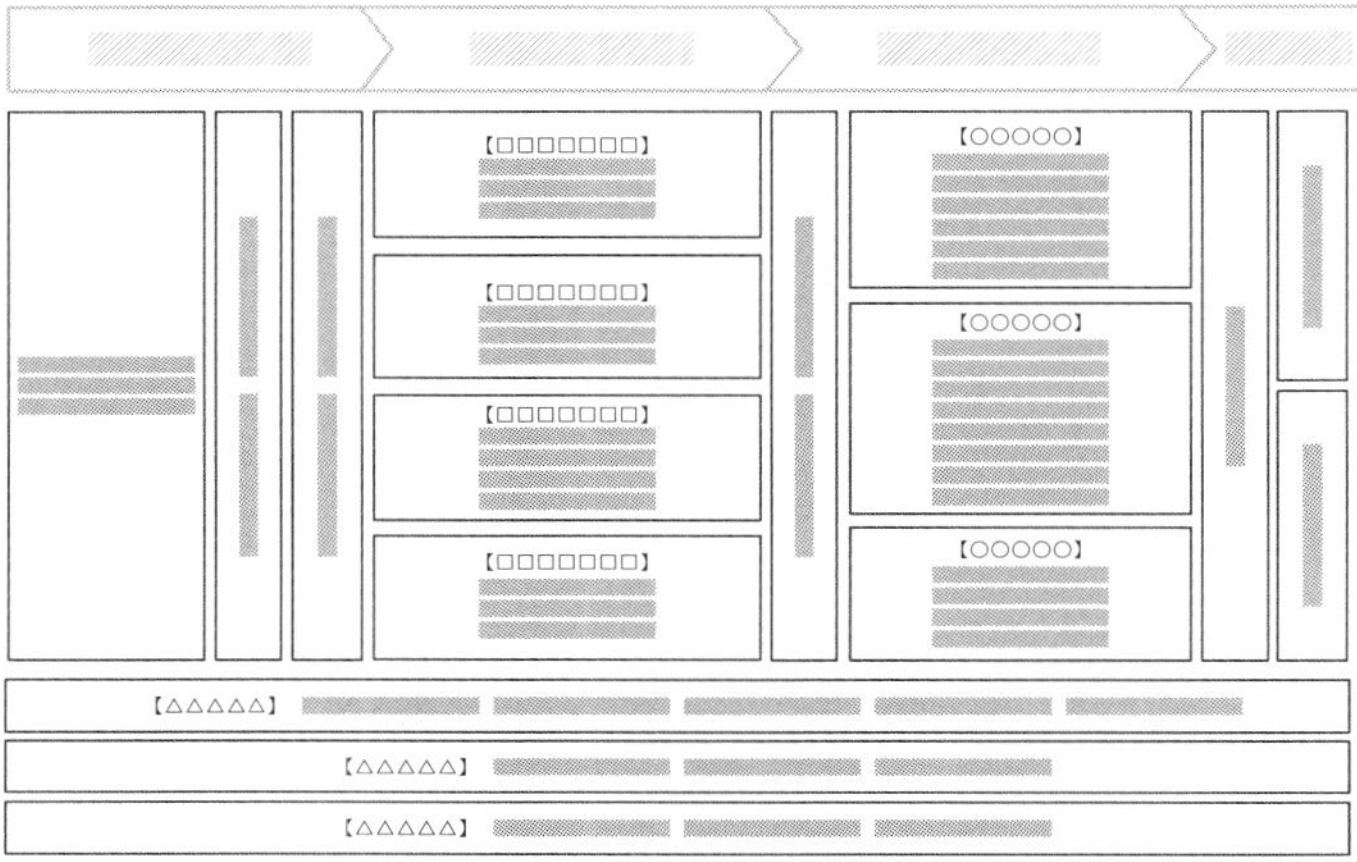

戦略策定／実行支援の専業者の総力を挙げた取り組みである。

ここでひとつの例として、実行支援側のプロセスを見てみよう（上の図参照）。協業パートナーには出してはいけないと言われているので全てボカしているうえに、骨組みも一部フェイクにしているが、実際に使われる変革プログラムは、かなり複雑なものであることが分かると思う。図の中にあるひとつの小ブロック（灰色）の各々はアクション／小プログラムから成り立ち、全体で51個ある。こういったひとつひとつの施策を地道に投入し、全体として整合するフローとして形を整え、定着するまで指導／協業しながら最長、数年単位で監視する。これらはかなり細かい作業の集積である。

このアプローチに関しては、興味深い点が2つある。1つは、この実行支援プログラムが経験戦略をサポートしている点だ。一般にコンサルティング・ビジネスは事前に策定されるビジネスプランを扱う（これを圧縮戦略という）。だから、長く経験した末に出てくるノウハウをビジネスの対象にはしない。むしろITの要求定義にベクトルが向かい、経験知をITに封入して形式知に変えようとする傾向がある。ところが、このプログラムは、いわゆるノウハウ／暗黙知／"ウチのやり方"を引き出す方向に設計されており、日本人が好む、「ウチ流の、ウチによる、ウチのやり方」を助長する構成になっている。これは、〝日本的に訛った〟プログラムの典型だろう。

2つ目に興味深いのは、これは外資企業にとって不要なサポートだという事実である。実際、外資企業は買わないという。なぜならすぐに辞める従業員が前提であれば、ここまでゲンバにカネを投じ、ノウハウを備蓄しても意味がないからだ。彼らは従順に命令をこなす従業員を優れた命令書（戦略）によって制御し、管理はITに頼る。だから経験にカネを出さずに、命令書／IT／ヘッドハンターにカネを出している。日本企業は、ゲンバの経験を育成するためにカネを出し、他は抑制していると言えよう。つまり、欧米企業がいわば、「アタマでっかち」なのだとすれば、日本企業は「カラダでっかち」なのだ。これは長期雇用かつ、従業員が好む「ゲンバのノウハウをムラに貯める」という趣味の上に成り立っており、雇用が保護される原理を忠実に踏襲しているのである。

「カラダ」に「アタマ」をフィットさせる

組織が成長する、とは何か。それはつまり、組織に新しい経験を与え、新しい経験値を積み増すことを意味する。解雇がもし嫌なら、こうやって組織を鍛えて新しい経験を育成してゆくしかない。同時に重要なこととして、ゲンバの経験知と戦略（命令書）がズレては意味が無い。だからいかに「カラダでっかち」に「アタマ」を合わせてゆくかが重要である。

正直に業界の事情を明かせば、戦略策定業者（アタマ）と実行支援業者（カラダ）は双方とも昔から居たのだが、バラバラに動いてきた。戦略屋は欧米発のドクトリンに縛られ、ありもしないトップダウンを前提に、できもしない戦略を語ってきた。実行屋はボトムアップ形式で、日本企業の好みである組織の成長を密かに支援してきたが、そこには戦略が無かったか、あるいは、戦略と整合が取れていなかった。両者とも変革をしようと言いながらも組織の成長を標的にはしておらず、戦略の貫徹を目指すか、戦略を軽視してゲンバの趣味に傾くかのどちらかだった。それが、「変革成功率10％」というお粗末な成績の正体である。要するに、日本企業の変革が上手くいかないのは、アタマとカラダが別々の思想で動いてきたからなのだ。その背景には、ゲンバが純ジャパニーズの感覚で動いている一方、経営の側が欧米流の経営理論を信用し、そこで生ずるギャップを誰も埋めようとしかったからでもある。我々は今、その「アタマ」と「カラダ」をうまく結びつける新しいアプローチを始めている。その際には日本企業らしく「カラダ」の動きを優先し、いかに「アタマ」の側をフィットさせるかについて研究し、プログラムに埋め込み、実行しているところだ。

自負しているところだが、業界のソリューション動向で言えば、我々は現在、日本型経営の最先端にいる。このようなやり方をしているベンダーは、過去に1社も存在していなかったからだ。欧米発の理論を横流しし、フィットしない日本企業に押し込む業者ばかりだったのである。

我々の取り組みは始まったばかりだが、出だしから非常に上手く行っている。某大企業では過去、複数のコンサル会社が挑んでは何度も潰えてきた変革テーマに、我々のアプローチで手ごたえを感じているという意見も頂戴している。我々は、正しい思想と対策を率先していると考える。

日本企業の未来は自己変革に懸かっている

最後に、本書のスタート地点に戻りたい――つまり、わたしたちは日本の未来の何に賭

●「自己変革」に未来がある

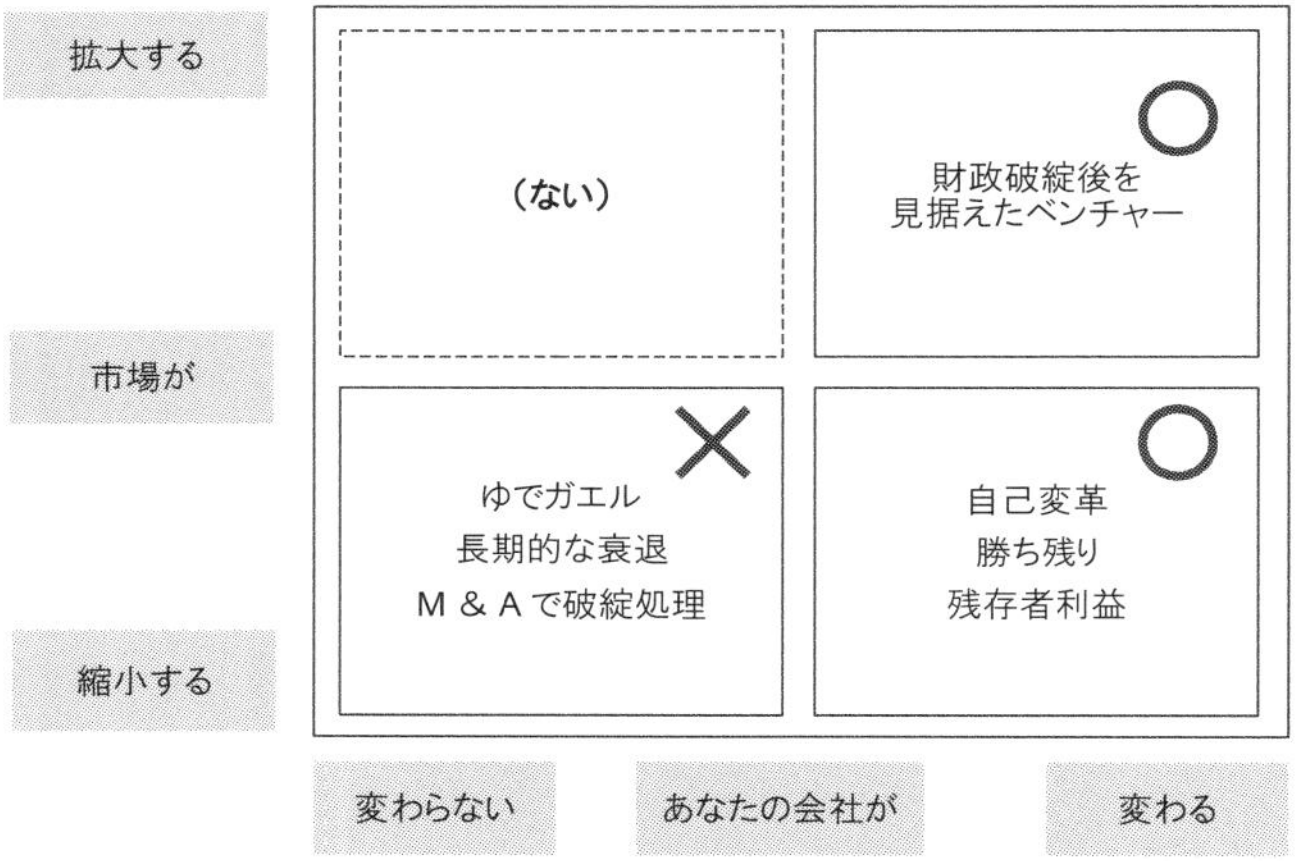

けたらいいのだろうか？

お読みになって頂ければ分かるように、日本は、なかなか難しい状況になってきた。我々は変わらねばならないと誰もが気付いている。だが、財政を立て直すのは難しく、働き方改革は状況を大きく改善してくれそうにもない。今後、財政が変調すれば、一気に社会の構造が変わるだろう。

企業の側を見ても多くの企業が〝ゆでガエル〟になり、既に手詰まりに陥っているが、これもいつか変わるだろう。

これまでに本書が述べてきた内容は、「日本は本当に変われるのか？」に関する、大きなシナリオ分析であった。ここまでの財政／財政破綻後の社会／日本型経営／日本企業の変革を扱ってきた。困難の多い話の連続であり、現代の日本は誉められたものではない。だが、そのシナリオの最終整理を見てほしい。（右頁の図参照）企業にとって、これからの時代に良いことがあるかどうかは、自己変革ができるかどうかに懸かっている。

ここで良いことがありそうな自己変革には、二つの種類がある。

ひとつ目は、今が底に向かう時代だと潔く認めて、新しい財政破綻後の時代のビジネスに賭けてみることだ。とても高いところから見下ろして考えてみると、今の日本政府は、きっと太平洋戦争末期の旧帝国陸海軍みたいなものだろう。財政は立て直せそうにないし、生産性向上に掛ける努力も頓挫する。政策のカードはもうすぐ尽きるのだから、尽きた後の時代を考えた方が良いのではないだろうか。時代の在り方を考えても、かつての愛国者は様々な国難をもたらしたが、現代はその揺り戻しで戦後の民主化が行きすぎている。その終末が雇用、高齢者、地方の過剰な保護なのである。しかし、破綻後に逆の側に揺れ戻せば、「戦後民主化は失敗だった」という反省が始まり、その後には日本型経営も高齢者福祉も変質している可能性がある。これから時代は確実に変わる。だから、その先を考えてみる価値はあると思う。

思い起こしてほしい。80年前に大本営の発表を信じ、戦争中に軍需産業を営んだ勢力は戦後に仕事が無くなった。軍人もみな、仕事がなくなった。愛国者は居場所がなくなった。優秀な人材は、戦場で死んでしまった。財閥は戦後に解体され、有力者は公職追放になった。だが、新聞社に潜んでいた社会主義者は一気に復権した。日用品や娯楽品、テレビなど、新しい時代にマッチした新しい時代の商売人は大活躍を始めた。彼らと同じように、現在のビジネスを完全に変えろという話ではないものの、大本営発表に従って商売しても、もう儲からないことは明白だろう。我々は敗戦が近いと言えるラインにまで既に近づいてきた。そろそろ次の時代、次の市場を考える価値がある。

縮小する市場の行く末を見すえ、ビジネスを作り変える

もうひとつの変革は、市場が縮小する先行きを潔く認め、新しい時代にマッチするよう、ビジネスを作り変えてゆく作業である。

テレビはネットを敵視しているが、いつまで続ける気だろうか。医師会はいつも医療の質の低下を問題にしているが、財源が無くなったらどうする気か。新興国企業が下から攻めてきている素材、スマホ、電気製品、産業部材は今と同じ商売を続けていて良いのだろうか。巨大化したコンテンツ産業を持つ米国の映画、アニメ、著作権ビジネスに対して、日本の出版、アニメ、映画産業はいつまでも同じやり方で良いのだろうか。

高齢化が進めば底が抜けると噂される賃貸市場と1／3が供給過剰になると言われる住宅市場は、産業構造が変わる可能性が高くないだろうか。非効率な構造のシステムベン

ダーは、変革しないと言い切れるのだろうか。自治体が破綻すれば需要の激減が起こる社会インフラ、財政破綻時に年金と共に吹き飛ぶ国内パッケージ旅行、新聞社、その他高齢者向けビジネスは、どうやって飯を食っていくのだろうか。現在の過剰な中高年、特に世の中をなめてきたバブル世代が余ったら、どうやって処分するのか。

このように、日本企業の変革は待ったなしではなかろうか。やることはたくさんあり、変革しなければならない企業はたくさんあり、しかし一方でもう時間がないように見えるが、これは気のせいだろうか。なぜ、まだ多くの企業は未来志向で動こうとしないのだろう？

この国の未来に賭けてみよう

日本は財政破綻という手段をもって、大きく変わる日がやってくる。そして、多くの現役世代にとって財政危機は破滅ではなく社会変革の号砲であり、歓迎すべき転換点になるだろう。問題はその後の変革の成否であり、問われているのは我々の姿勢と行動だ。

もしこの国と企業が変革できるなら、一時的な苦境の後には明るい時代が到来する。だが、ひょっとしたら危機の後に、ギリシャのように大きくは何も変わらぬまま、みじめな高齢者がたちが寒々しいデモを繰り返す三等国に落ちるのかもしれない。日本人は変革を長く先送りしてきたので、この話には既に利息が付いている。変革の困難は増しており、全員が利するのは既に難しい。従って、おそらくは多大な困難と、変革による救済と復興の双方が同時に生じるだろう。

未来の行方は、我々がこれまで先送りしてきた数々の変革を貫徹できるかどうかに懸かっている。その全体の成否はまだ分からないが、諦めずにこの国の変革に賭けてみてはいかがだろう。もしあなたが高齢者や敗北主義者でないのなら、それに挑む機会と価値が、まだ数多く残されていると思う。すなわち、日本という船と共に沈むのか、沈まないのか。それは、あなたの意欲と行動次第で決まるのである。

船と共に沈む成り行きを否定し、変革に取り組む人が多ければ、国全体の命運が良い方向に変わる。「日本はきっと大丈夫」などと、ありもしないお安い風説を楽しんでいる場合ではない。明日が、行動の時だ。そのあなたの行動が、あなたと、あなたの企業の変革が、日本の停滞を打ち破り、明るい未来を創るのである。我々は、変わらねばならない。

第4章のまとめ

1. 縮小市場において必要なのは、企業の「自己変革」である。
○全ての企業が凹んでいるのではない。変革した企業から「イチ抜け」している。

2. 日本企業の変革には、不利な要素が多い。
○「株主が弱い。経営者も弱い。ゲンバは強いが変革には向かない。失敗すればトラウマになって挫折しやすい。リーダーがいない」の五重苦である。
○日本の大企業では変革の失敗確率が、実に、9割以上に達する。

3. 日本企業が変革できないのは、変革の芽を自ら消し去っているからである。
○「自分たちで戦略を立てて、実践する」のはお手盛り。やめなくてはいけない。

4. 日本企業は雇用優先であり、そのために組織の成長を目標とすることが望ましい。
○現実問題として日本企業の変革に必要な思想である。

5. ゲンバの実戦にソーシャルサポートを付けることが変革の成功には重要である。

○プロにはプロの鍛え方があり、それが実戦におけるＯＪＴである。

○「タテのレベルアップ（教育）」「ヨコの仕掛け」を組み合わせ、育成対象のチームを実戦で養成する。

6. 変革の可能性は常に状況的であり、変革プログラムを組む手前に来る〝デューディリジェンス（精査）〟が非常に重要になる。

○徹底的に調べて変革に挑む作業が成功の確率を高める。

7. 日本企業の変革が上手くいかないのは、アタマ（経営）とカラダ（ゲンバ）が別々の思想で動いてきたからである。

○「アタマ」と「カラダ」をうまく結びつける新しいアプローチが求められている。

○今こそ、先回りで日本企業は変革を達成しなければならない。

おわりに

もう先送りにはできない

我々に残された時間は長くない

様々な問題の原因を調べていると、ふと、それまで見えていなかった真の障害物が見えてくることがある。もちろんそれはファイナルアンサーではないかもしれない。だが、たぶんそうだろうという推論として見えてくる。そういう個人的な感想を最後に記したいと思う。

日本企業が没落した真の原因は、おそらく停滞した中高年男性であろう。この停滞が問題になるのは、中高年男性同士で雇用を庇い合っている現実が、日本企業の生産性が上がらず、経営の変革が進まない諸悪の根源になっているからだ。そして、その背後にあるのは大量の不要社員を生んだ戦後民主化の失敗である。この問題を考えていくと、ふと、我々が有している価値観が偏っていることに気が付く。

昔、ある大手証券会社の高年社員が若い後輩に対して、「俺は上まで行けなかった。だが、おまえは頑張れ」と励まして去っていったという話を読んだことがある。このように、組織では誰もが上に行けない以上、個人には去り際の美学というものがあろう。散り際、職業人生の美学と言っても良い。またこれは男として、自らの〝女々しさ〟を否定する考え方でもある。現代の韓国にも似た考え方はあり、50になったらどう起業しようか考えるのは普通だと言う。米国では庇うどころか、社内は人々の思惑が錯綜するサバイバル・レースの戦場だ。

日本でも戦前までは「生きて虜囚の辱めを受けず」といった風に、男性としての美学、強さを最大化する教育がなされていた。少なくとも、〝女々しい執着〟は恥ずかしいものとされていた。しかし戦後になると180度逆の方向に振れて、「でも、〇〇クンは同期だから残っていいじゃないか。部下はいないけど、肩書きは付けておくよ」と、中高年男性同士で馴れ合って、非効率を承知で庇い合っている。この背後に、教育と文化の影響を感じない方がおかしいだろう。

戦後の民主化教育は、落伍者を出さない「優しい社会」を目指すようになった。学校では一部の秀才を犠牲にしてでも、平均的な生徒に教育レベルを合わせる。大学ではどこでも仲良しが優先され、輪を乱す学生は否定される。これは特に文系の学生に顕著な傾向だ。企業は従順で協調性のある学生を大量に採用する作業に慣れてしまった。左傾化した労働学者は、新卒一括採用によって大卒学生には就職浪人が出ないと誉め称え、日本人の美徳だと盲信している（だが、その30年後に到来する巨大な弊害は、無視している）。

加えて、高齢化が「優しい社会」の幻想をさらに強調している節もある。排除よりは救済が好まれ、競争よりは談合が好まれる。問題を解決するよりも先送りする方が望ましい。着実に日本の文化は高齢化し、その毒が社会と企業を蝕んでいる。

流行の高齢者主義に照らせば、「物騒な話はしない。現状維持が好ましい。不安は良くない。世代対立は良くない（高齢者が損するからだ）。暗い話はしない。現実より安心がいい」という、歪んだ発想がポジティブだとされている。若年層の間に蔓延する「悟り世代」、「草食男子」などは、この典型であろう。暗い話をするよりも根拠のない安心感が好まれ、大衆が「日本の奇跡」を回顧したがる世相の真相は、既に根深く社会が病んでいるからだ。

しかし、この病んだ世相に流されてはいけない。老人主義の向かいにある現実主義の立場に立ち、流されずに現実を見据え、どう行動すべきか考えなければならない。現役世代にはまだ、財政破綻から先の人生がある。我々の未来は、高齢者と違って長いのである。

我々の仕事は大量に残されている

世相の話は良いとして、現実の世界では変革の圧力はもう待ったなしだ。変調の予感はせいぜい10年以内に迫っている。よほどの楽観主義者でもなければ、このあたりで何かしないとまずい。ここで自身にできることは、微力でも日本企業の変革に力を貸し、それを達成することだと考えている。

具体的に指摘すれば、企業変革の低過ぎる成功確率を、我々ソリューション業者は上げなくてはならない。現在の1割はさすがに低過ぎるので、最低でも5割以上まで持って行きたい。また、有力な実行支援の協業パートナー、理解ある顧客を増やさねばならない。

もう少し広い視点で見ると、日本には日本企業の変革に特化した「日本版ＢＣＧ」が強く必要である。日本企業の変革は、それを必要とする日本企業／変革を支援するソリューション業界／ゲンバで働く大量の人々／国家と社会の全てにとって必要である。これは一刻の猶予も許されないほど、公益性のある、重要な問題解決であると考えている。

ここでもし日本版ＢＣＧがあるとすれば、これは一社ではなく、ある程度のまとまったソリューション企業の集合体になるのが望ましい。日本企業は運営が各自バラバラで癖があるので、特定の一社が作ったドクトリンが広く効かないからだ。

だから、わたしは今「日本版ＢＣＧ構想」という用語の入った企画書を、普段から持ち歩いている。今も複数の企業と協業しながらソリューションを練り、変革の普及に努めているが、まだまだ足りない。変革を望む事業マネージャー／同業者でいえばコンサル派遣業／組織開発支援／実行支援サービスの各社の担当者は、いつでもわたしにアクセスして頂きたいと願っている。

結果として、我々日本人は変革という巨大な仕事を先送りにし、怠ってきたのではないだろうか。社会も、企業も、個人も、行政も、政治もだと思う。我々が取り組まねばならない仕事は、大量に残されているのだ。

逆にもしこの仕事がない言うのなら、その先にあるのは一方的な衰退のみである。このまま先に進めば、老人だらけの、絶望的に悪趣味な国になる。これ以上の停滞を看過するのは、さすがにまずい。

我々はこの国と企業の変革に、結果が出るまで賭けねばならない。

中村和己（なかむら・かずみ）

株式会社NBI代表取締役。

東京工業大学を卒業後、新規事業の創造を求めて日本たばこ産業株式会社（JT）へ入社。バーガーキング・ジャパン立ち上げに参画した後、飲料事業部にて営業変革に取り組む。その後、大手外資コンサルティング会社に転職し、数多くの幅広い産業において大手企業の戦略立案に関与。在職中に手掛けた電力会社のオール電化住宅に関する普及戦略は大きな成功を収め、事後、米国イェール大MBAが用いる事例となっている。

2003年、知識科学を活用した事業調査会社・NBI（旧・中村事業企画事務所）を設立。コンサルティング・ファームにおける俗人的な作業を専用のデータベース／知識生成プロセスを用いることによって標準化し、業界を技術的に刷新する情報支援サービスを着想。10年以上に及ぶデータベース構築を経て、低予算かつ高品質な戦略立案支援／ファクト分析サービスを実現した。新規事業の開発支援からスタートし、現在では大企業／著名ベンチャーを対象に数多くの事業開発／事業変革を支援している。

この国の未来に賭けてみよう

停滞から変革へ――あなたのキャリアとビジネスが変わる

2018年4月17日　第1刷発行

著者　中村和己

装画　芦野公平

装丁　木庭貴信＋オクターヴ

発行者　山本周嗣

発行所　株式会社文響社

〒105-0001

東京都港区虎ノ門2-2-5　共同通信会館9F

ホームページ　http://bunkyosha.com

お問い合わせ　info@bunkyosha.com

印刷・製本　中央精版印刷株式会社

ISBNコード　978-4-86651-047-7　Printed in Japan